BEI GRIN MACHT SICH IHR WISSEN BEZAHLT

- Wir veröffentlichen Ihre Hausarbeit, Bachelor- und Masterarbeit
- Ihr eigenes eBook und Buch - weltweit in allen wichtigen Shops
- Verdienen Sie an jedem Verkauf

Jetzt bei www.GRIN.com hochladen und kostenlos publizieren

Kristin Kunert, Eva Herrmann, Sylvia Wilbrink

Inklusion ermöglichen – Grenzen überwinden. Schulpädagogik bei Kindern mit Behinderung

Science Factory

Bibliografische Information der Deutschen Nationalbibliothek:

Copyright © 2013 GRIN Verlag GmbH
ISBN: 978-3-95687-123-8

http://www.grin.com/de/e-book/268684/inklusion-ermoeglichen-grenzen-ueberwinden-schulpaedagogik-bei-kindern

Bibliografische Information der Deutschen Nationalbibliothek:

Die Deutsche Nationalbibliothek verzeichnet diese Publikation in der Deutschen Nationalbibliografie; detaillierte bibliografische Daten sind im Internet über http://dnb.d-nb.de abrufbar.

Impressum:

Copyright © 2013 ScienceFactory

Ein Imprint der GRIN Verlags GmbH

Druck und Bindung: Books on Demand GmbH, Norderstedt, Germany

Coverbild: pivabay.com

Inklusion ermöglichen – Grenzen überwinden

Schulpädagogik bei Kindern mit Behinderung

Kristin Kunert (2009): Unterschiede der Ziele und Forderungen von Integration und Inklusion 7

Einleitung 8

Integration und Inklusion nach Hinz 10

Integration nach Feuser 16

Integration nach Hinz und Feuser im Vergleich 25

Schlussbemerkung 28

Literaturverzeichnis 30

Eva Herrmann (2012): Das inklusive Konzept der Montessori-Pädagogik und das Menschenrecht auf Bildung für Behinderte. Ein mögliches Vorbild für ein deutsches inklusives Bildungssystem 31

Einleitung 32

Begriffsklärung von Integration und Inklusion 34

Der rechtlich verankerte Anspruch auf Inklusion im deutschen Bildungssystem als Menschenrecht 37

Die UN-Konvention über die Rechte von Menschen mit Behinderungen 39

Schulische Inklusion in der Montessori-Pädagogik 41

Erweiterter Schlussteil 47

Literaturverzeichnis 50

Verwendete Zeitschriftenartikel 51

Verwendete Internetquellen 51

Sylvia Wilbrink (2010): Ästhetische Erfahrungsbildung als Chance im Inklusionsprozess an Grundschulen 53

Einleitung 54

Inklusive Bildung 58

Bildungsstandards und Schlüsselkompetenzen 77

Lernprozesse ästhetisch und inklusiv gestalten 84

Didaktische und methodische Vorschläge für inklusiven Unterricht 102

Zusammenfassung – Fazit 124

Literaturverzeichnis 126

Internetquellen 130

Anhang 136

Einzelpublikationen 141

Kristin Kunert (2009): Unterschiede der Ziele und Forderungen von Integration und Inklusion

Einleitung

Integration und Inklusion – zwei häufig genutzte Wörter, die für die einen schlichtweg das Gleiche bedeuten, sich für andere jedoch ganz klar voneinander unterscheiden. Im heutigen Sprachgebrauch findet man zunehmend die Verwendung des Begriffs der Inklusion, sodass man den Eindruck bekommen könnte, Integration mit all seinen Vorstellungen und Forderungen würde zukünftig von diesem abgelöst werden und das, obwohl sich Pädagogen bis heute nicht für eine einheitliche Definition und Realisierung von Integrationspädagogik entscheiden konnten.

Die Autoren Andreas Hinz und Georg Feuser haben sich ausführlich mit dem Thema der Integration auseinandergesetzt. Was die Inklusionspädagogik beinhaltet, wurde von Hinz zusätzlich betrachtet. Die Verschiedenheit der mit diesen Begriffen verbundenen Ziele und Forderungen sollen nun Gegenstand der vorliegenden Hausarbeit sein. Zunächst werden Merkmale, Umsetzung und daraus resultierende Probleme der Integration nach dem Verständnis von Hinz aufgezeigt, bevor im Anschluss seine Gedanken zum Inklusionsbegriff vorgestellt werden. Was Feuser unter dem Begriff der Integration versteht, leitet das nachfolgende Kapitel ein. Der Vorstellung seiner Definition folgt schließlich die Erörterung der sich daraus ergebenen Merkmale. Um die von ihm dargestellte Integration erfolgreich in die Praxis umsetzen zu können, bedarf es einiger grundlegender Rahmenbedingungen, auf deren Darstellung in diesem Zusammenhang nicht verzichtet werden kann. Wie bereits Hinz beanstandet auch Feuser die gegenwärtige Realisierung integrativer Pädagogik in der Institution Schule. Die wichtigsten Kritikpunkte werden daher kurz erläutert und schließen letztlich das Kapitel ab. Nachdem die umfangreiche Darstellung beider Positionen zum Begriff Integration erfolgt ist, soll im Anschluss die Beantwortung der Frage

„Bedeutet gleicher Wortgebrauch auch gleiches Verständnis?"

den Mittelpunkt nachfolgender Überlegungen bilden. Zu diesem Zweck werden ausgewählte Aspekte beider Autoren miteinander verglichen. Die daraus abgeleiteten Schlussfolgerungen liefern wichtige der Antwort dienende

Erkenntnisse.

Aus Vereinfachungsgründen wird in der vorliegenden Hausarbeit nur die männliche Form verwendet.

Integration und Inklusion nach Hinz

Den Begriffen Integration und Inklusion liegen keine eindeutigen Definitionen zu Grunde. In der Literatur findet man daher eine Vielzahl von Autoren, die sich ausgiebig mit diesen Themen beschäftigt haben. Einer von ihnen ist Andreas Hinz. Sein Verständnis von Integration und die daraus resultierenden Probleme bei Realisierung als auch die Inklusion werden in diesem Kapitel ausführlich beschrieben.

Merkmale und Probleme bei der Umsetzung von Integration

Integration bedeutet für Hinz Menschen mit Schädigungen in eine Gruppe von Menschen, die keine Schädigungen aufweisen, einzubeziehen und ihre Weiterentwicklung mit der Ausstattung personenbezogener Ressourcen, individueller Förderung und eigens für sie zuständiger Pädagogen zu fördern. So werden beispielsweise behinderte Kinder in die Allgemeine Schule aufgenommen, um mit den anderen nichtbehinderten Schülern gemeinsam in einer Klasse zu lernen, obwohl man oftmals bereits im Vorfeld weiß, dass einige der integrierten Kinder die vorgegebenen Ziele der jeweiligen Schulreform nicht erreichen können. Nichtsdestotrotz erfolgt die Aufnahme in diese Schule, wenn sowohl die Rahmenbedingungen stimmen als auch die individuelle Förderung der behinderten Kinder gesichert ist. (Hinz, A. 2002, S. 355 und 359 / 2007, S. 26)

Doch nicht jedem Kind mit sonderpädagogischem Förderbedarf wird Integration im gleichen Umfang ermöglicht. Die Aussage „Sag mir deine Schädigung und ich sage dir deine Integrationsmöglichkeiten" (Hinz, A. 2002, S. 356) zeigt laut Hinz die gängige Praxis nach der heute Integration durchgeführt wird. Je nach Beeinträchtigung wird zunächst selektiert und schließlich eine für den jeweiligen Schüler geeignete Integrationsform ausgewählt und zugewiesen. Gerade für schwerer geistig behinderte Kinder führt diese Vorgehensweise zu einem stärkeren Ausschluss aus integrativen Projekten und Maßnahmen. Anstelle ihrer vorhandenen Möglichkeiten wird häufig das Nicht-Können als Ausgangspunkt für die Überlegungen hinsichtlich der Integrierbarkeit dieser

Schüler gewählt. Im Ergebnis begründet diese defizitäre Sichtweise somit oftmals die Nicht-Förderbarkeit der schwerstbehinderten Kinder in der Allgemeinen Schule, so dass für sie schließlich nur die Möglichkeit der Sonderschule besteht, die infolgedessen nun zur Restschule degeneriert. (Hinz, A. 1992, S. 12 / 2002, S. 356) Um diesem Trend entgegenzuwirken und zukünftig Kinder mit schweren Behinderungen stärker in Schulen und Projekte zu integrieren, muss ein Umdenken seitens der Pädagogen stattfinden. Dies erfordert von den Fachkräften zunächst die Bereitschaft zur Auseinandersetzung mit den eigenen Wertmaßstäben und Haltungen gegenüber Kindern mit Schädigungen. Sind die Barrieren in den Köpfen dann erst einmal abgebaut, ist der Pädagoge auch wieder in der Lage sich mit den spezifischen Erfordernissen, Bedürfnissen und Kompetenzen der schwerstbehinderten Schüler auseinanderzusetzen, um deren Einbezug in integrative Maßnahmen und Projekte sicherzustellen. (Hinz, A. 1992, S. 17)

Angemessene Rahmenbedingungen einer Schule sind neben der veränderten Sichtweise der pädagogischen Fachkräfte eine weitere Voraussetzung für die erfolgreiche Integration besonders mehrfach behinderter Kinder. Häufig stellen die der Allgemeinen Schule vorgegebenen Rahmenbedingungen ein grundlegendes Problem dar, warum diese Schüler nicht integriert werden können (Hinz, A. 2007, S. 27). Die Herausforderung der Integrationspädagogik besteht letztendlich darin, diesen schwerstbehinderten Kindern unter Beachtung ihrer Bedürfnisse ein gemeinsames Leben und Lernen mit anderen in ihrem gewohnten sozialen Umfeld zu ermöglichen und die Voraussetzungen zu schaffen, um in gegenseitigen Begegnungen das Vorhandensein vielfältiger individueller Persönlichkeiten kennen und achten zu lernen. (Hinz, A. 1992, S. 22-23)

Trotz integrativem Unterricht findet das gemeinsame Lernen behinderter und nichtbehinderter Schüler selten statt, sodass die für die Integration maßgeblichen Gründe wie zum Beispiel Interaktion, emotionales Wohlbefinden und die soziale Einbindung in die Gruppe oftmals nicht realisiert werden können. Räumliches Bei- oder Nebeneinander sowie zeitlich begrenztes Miteinander, zum einen häufig verursacht durch für notwendig erachtete Einzelmaßnahmen und zum anderen durch die Festlegung getrennter Unterrichtsdurchführung in den zentralen Fächern wie Rechnen, Lesen und Schreiben führen im Ergebnis dazu, dass Integration nur für diejenigen behinderten Kinder verwirklicht wird, die annähernd dem geistigen Niveau der nichtbehinderten Schüler entsprechen. (Hinz, A. 2002, S. 355)

Zentrales Problem des gemeinsamen Unterrichts ist häufig, dass die Situation des einzelnen behinderten Schülers nicht betrachtet wird. Zwar werden alle verfügbaren Möglichkeiten angewandt, um diesen in die Klasse zu integrieren, die erforderliche Veränderung der Schule als Ganzes, basierend auf einer zuvor getätigten Revidierung der Sichtweise hinsichtlich der Schädigung des Kindes, erfolgt jedoch nicht. Nach außen wird so der Anschein erweckt, dass der behinderte Schüler vollständig in der Klasse integriert ist. In Wirklichkeit aber befindet er sich wie Hinz treffend formuliert „in einer Insellage" (Hinz, A. 2002, S. 356). Mit anderen Worten gesagt: obwohl das geschädigte Kind zusammen mit nichtbehinderten Kindern in einer Klasse sitzt und lernt, findet oftmals weder Interaktion untereinander statt noch erfolgt die beabsichtigte soziale Einbindung in die Gruppe, denn die vorherrschende Meinung der Schüler und Lehrer ist nach wie vor, dass der behinderte Schüler ‚anders' ist und bleibt. (Hinz, A. 2002, S. 356)

Verstärkt wird diese negative Einstellung gegenüber dem Behindert sein und die daraus resultierende Abwertung des geschädigten Kindes unter anderem durch die Bezeichnung als ‚Integrationskind' im täglichen Sprachgebrauch, das Vorhandensein anderer speziell für diesen Schüler notwendiger Pädagogen, die nicht der Allgemeinen Schule angehören und die Ausstattung mit zusätzlichen Ressourcen. Die Dominanz der nichtbehinderten Schüler in der Klasse erschwert zusätzlich die Integration und führt folglich dazu, dass die Bedürfnisse der Gruppe der integrierten Kinder zugunsten der Erfordernisse der Mehrheit außer Acht gelassen werden. Voraussetzung für die erfolgreiche Umsetzung der verschiedenen Modelle und Konzepte der Integration für das einzelne geschädigte Kind ist daher ein verändertes Verständnis von Behinderung sowie eine regelmäßige kritische Reflexion hinsichtlich der Funktionalität angewandter Maßnahmen und Methoden. (Hinz, A. 2002, S. 357 / 2007, S. 26)

Die zuvor erwähnte Ausstattung mit zusätzlichen Ressourcen und die damit einhergehende öffentliche Etikettierung der behinderten Schüler, führen zu einer weiteren Verschärfung der Zwei-Gruppen-Theorie und stellen für Hinz somit ein ernst zu nehmendes Problem der Integration dar. Ergänzt wird diese Stigmatisierung durch die Zuordnung behinderter Schüler zu den jeweiligen

Schulformen und verschiedenen Förderschwerpunkten. Auch die Anfertigung individueller Förderpläne wirkt sich laut Hinz eher kontraproduktiv auf das gemeinsame Lernen aus, da sie dem behinderten Kind unter Umständen Lerninhalte vorenthalten. Häufig von Sonderschullehrern verfasst, werden hier ausgehend von den Defiziten des Schülers Lerninhalte, die für ihn realisierbar erscheinen, festgelegt. Doch diese einseitige Ausrichtung an den Lernbedürfnissen und -möglichkeiten des einzelnen Schülers kombiniert mit der Vorstellung, dass diese Kinder nur in kleinen Schritten lernen können, behindern mehr den Lernprozess in der Gemeinschaft als das sie diesen fördern. Diskriminierung, durch die die Teilhabe am öffentlichen Leben eingeschränkt wird, ist oft die Folge. (Hinz, A. 2002, S. 358 / 2007, S. 31)

Probleme hinsichtlich der Integration zeichnen sich darüberhinaus auch auf quantitativer Ebene ab. So hat der gemeinsame Unterricht das bestehende System des gegliederten Schulwesens nicht wie erhofft ersetzt, sondern letztendlich nur ergänzt. Die daraus resultierende Zunahme an sonderpädagogischem Förderbedarf und der damit verbundende notwendige finanzielle Mehraufwand für zusätzlichen Lehrerbedarf und Ressourcen, welche die Situation für die behinderten Schüler verbessern sollen, führten folglich zu einer quantitativen Stagnation des integrativen Unterrichts sowie zu einer Abnahme gemeinsamer Projekte. (Hinz, A. 2002, S. 355)

Es bleibt also festzuhalten, dass Integration als ständiger Prozess von Einigungen zwischen Personen, Institutionen und auf der Ebene gesellschaftlich vorgegebener Normen und Werte stattfindet. Dabei geht es in erster Linie darum, mit Hilfe von Annäherungs- und Abgrenzungsprozessen ein Gleichgewicht zwischen den Polen der Gleichheit und Verschiedenheit herzustellen. Integration klagt das „Recht aller Kinder auf Unterschiedlichkeit" (Hinz, A. 1992, S. 19 zitiert nach Wocken 1987, 76) ein und zielt daher nicht auf Anpassung oder Abschaffung der Heterogenität ab. (Hinz, A. 1992, S. 18-19)

„Grenzen der Integration gibt es [wiederum] überall dort, wo es nicht zu Einigungen kommt" (Hinz, A. 1992, S. 23). Ursachen dafür können unter anderem konzeptionelle und finanzielle Festlegungen der Schulverwaltung oder die Bildungspolitik eines Bundeslandes sein. Obwohl auch in Zukunft noch viele Probleme hinsichtlich der Integration gelöst werden müssen, sind die ersten Schritte in die richtige Richtung erfolgt, sodass bereits heute eine begrenzte Anzahl von behinderten Kindern gemeinsam mit anderen Kindern leben und lernen kann. (Hinz, A. 2007, S. 29)

Inklusion

Die Inklusion hat den Anspruch „allen Zugang zu Allem und Teilhabe an Allem zu ermöglichen" (Hinz, A. 2007, S. 32). Das heißt also, an jedem Ort und zu jedem Zeitpunkt Erfahrungen zu machen, Situationen zu erleben oder Wissen zu erwerben. Grundlegend zielt sie darauf ab, verschiedene Ausmaße von Heterogenität in einer einzigen unteilbaren Gruppe zusammenzuführen. „Heterogenität ist Normalität" (Hinz, A. 2002, S. 357) kann folglich als Leitidee der Inklusionspädagogik aufgefasst werden. Unabhängig von seinen Fähig- und Fertigkeiten soll der Einzelne als vollwertiges Mitglied in der Gemeinschaft anerkannt und in alle Bereiche mit einbezogen werden. Die Erreichung dieses Zieles setzt in erster Linie eine Veränderung von Einstellungen und Haltungen jedes Einzelnen voraus. Reflexive Entwicklungsprozesse von Institutionen und ein damit einhergehendes verändertes Selbstverständnisses und Menschenbild sind weitere Grundlagen für die erfolgreiche Umsetzung des inklusiven Gedankens. In der Praxis zeigt sich dieser beispielsweise durch Anpassungen am Schulprogramm und Schulprofil. (Hinz, A. 2002, S. 356-357)

Im Gegensatz zur Integration wird die vorhandene Heterogenität bei der Inklusion zum Ausgangspunkt des gemeinsamen Lernens in der Schule. Anstelle von verschiedenen Verantwortlichen für Einzelne gibt es nun eine gemeinsame Zuständigkeit für alle Schüler einer Klasse und resultierend daraus auch eine gemeinschaftliche Reflexion der Gesamtsituation. Um am gemeinsamen Unterricht teilnehmen zu können ist keine Qualifikation erforderlich. Sowohl gemeinsames als auch individuelles Leben und Lernen aller Kinder in der Allgemeinen Schule kennzeichnen die Inklusionspädagogik. Um die Etikettierung des Einzelnen aufzuheben, wird die für die Integration übliche personenbezogene Ressourcenausstattung durch eine pauschale systembezogene Zuweisung von Ressourcen ersetzt. (Hinz, A. 2002, S. 356-358)

Die Inklusion benötigt pädagogische Fachkräfte aus verschiedenen Bereichen, wie zum Beispiel aus der Schul-, Sonder- und Sozialpädagogik, die zusammen als Team durch ihre unterschiedlichen Betrachtungsweisen, die in der Gruppe auftretenden Probleme lösen sowie vorhandene Spannungsfelder ausbalancieren können und so das gemeinsame Lernen innerhalb der Klasse sichern. Diese Pädagogen werden nicht wie aus der Integration bekannt zusätzlich für spezielle Schüler in einem festgesetzten Zeitrahmen eingesetzt, sondern arbeiten ganz an der Schule und unterstützen bei Bedarf den Klassenlehrer. (Hinz, A. 2002, S. 358-359)

Individuelle Förderpläne als auch Begriffe wie ‚geistige Behinderung' oder ‚Lernstörung' etikettieren nach Meinung von Inklusionspädagogen die in der Klasse vorhandenen behinderten Schüler und werden kategorisch abgelehnt. Deshalb erfolgt anstelle eines spezifischen die Entwicklung eines gemeinsamen Curriculums, das anschließend in unterschiedlichen Teilbereichen individualisiert wird, um ein sinnvolles Lernen aller Beteiligten einer Klasse zu gewährleisten. Die zentrale didaktische Aufgabe des inklusiven Unterrichts besteht darin, zusammen mit jedem Schüler zu überlegen und zu entscheiden, in welcher Art und Weise er sich individuell an den jeweiligen Unterrichtsinhalten beteiligen kann. Eine kollektive Planung und Reflexion gegenwärtiger und zukünftiger Prozesse mit dem Kind trägt entscheidend zum erfolgreichen gemeinsamen Lernen bei. (Hinz, A. 2002, S. 358)

Doch auch bei diesem inklusiven Konzept zeigen sich verschiedene Problematiken. Zum einen geht es um die Frage der Realisierung im Gesetz verfasster Ansprüche eines Kindes auf spezielle Unterstützung. Zum anderen tritt der eigentliche Auftrag der Sonderpädagogen, ausgewählte Kinder gezielt zu fördern, zunehmend in den Hintergrund, da sie nun als Unterstützung für alle Schüler einer Klasse fungieren. Verursacht durch die homogene Ausrichtung der Schule scheinen des Weiteren schulische Anforderungsnormen durch die Forderung nach individueller Entwicklung eines Kindes beliebig zu werden. Zukünftig steht die Inklusionspädagogik daher vor der Aufgabe, das in der Praxis vorhandene selektive Schulsystem so anzupassen, dass inklusive Konzepte erfolgreich verwirklicht werden können. (Hinz, A. 2002, S. 358)

Integration nach Feuser

Integration soll subjektorientiert sein und allen Kindern und Jugendlichen die gleichen Chancen bezüglich Erziehung, Bildung und Unterricht gewähren. Diesem Anspruch gerecht zu werden, bedarf es einerseits einem veränderten Verständnis von Kultur und sozialer Gemeinschaft und andererseits einem revidierten Menschenbild. (Feuser, G. 1987b, S. 57 / 1995, S. 133)

Das folgende Kapitel zeigt zunächst auf, was Georg Feuser allgemein unter Integration versteht. Ausführlich werden danach Merkmale und Rahmenbedingungen integrativer Pädagogik erörtert, bevor im Anschluss bedeutende Kritikpunkte an der gegenwärtigen Realisierung der Integration vorgestellt werden.

Der Begriff der Integration

Eine „Schule für alle" (Feuser, G. 1995, S. 135) und eine damit einhergehende Vollintegration zu realisieren stellt für Feuser das oberste Ziel der gegenwärtigen und auch zukünftigen Integrationsbewegung dar. Das Fundament hierfür bildet „die untrennbare Einheit von sozialer Gemeinschaft und einer subjektorientierten Erziehung und Bildung aller ihrer Mitglieder" (Feuser, G. 1995, S. 137). Damit wird sichergestellt, dass sich jedes Kind und jeder Jugendliche unabhängig seiner physischen und psychischen Verfassung bei Bedarf alle für ihn relevanten Kenntnisse, Fähig- und Fertigkeiten aneignen kann. (Feuser, G. 1987b, S. 54) In diesem Sinne kann daher nicht von einer Integrationspädagogik gesprochen werden, sondern von einer allgemeinen Pädagogik, deren Aufgabe es ist unter Ausschluss von Selektion jedem Schüler Erziehung, Bildung und Unterricht in der Institution Schule zu ermöglichen, um so dessen Entwicklung zu fördern. Da sich diese allgemeine integrative Pädagogik nach Maßgabe der Entwicklung des jeweiligen Schülers anpasst, bedarf sie generell keiner bestimmten Schulform oder -stufe. (Feuser, G. 1995, S. 213) Um der hier geforderten Vollintegration zu entsprechen, muss zunächst die Didaktik betrachtet werden, denn Gegenstand der Integrationspädagogik ist nicht das Kind oder der Jugendliche, sondern der Aufbau des für ihn notwendigen Erziehungs- und Bildungsprozesses. (Feuser, G. 1984, S. 29 / 1995, S. 133-135)

Eine nicht selektierende und segregierende „Allgemeine Pädagogik, in der alle Kinder und Schüler in Kooperation miteinander, auf ihrem jeweiligen Entwicklungsniveau, nach Maßgabe ihrer momentanen Wahrnehmungs-, Denk- und Handlungskompetenzen, in Orientierung auf die ‚nächste Zone ihrer Entwicklung', an und mit einem ‚gemeinsamen Gegenstand' spielen, lernen und arbeiten." (Feuser, G. 1995, S. 168) ist für Feuser letztlich das zentrale Anliegen der Integration. Die Umsetzung der Integration nach diesem Verständnis erfordert primär eine Veränderung des Schulprofils. Ergänzend dazu müssen auch die Lehrer ihre Einstellungen und Haltungen hinsichtlich ihrer Funktion und Bedeutung für die Entwicklung ihrer Schüler überdenken und gegebenenfalls revidieren, um auf dieser Grundlage einen Unterricht planen und durchführen zu können, in dem Integration im zuvor beschriebenen Sinne verwirklicht wird. (Feuser, G. 1987a, S. 219) Inwieweit die von Feuser dargestellte Integration realisiert werden kann, hängt also stark von der Bereitschaft der Lehrer ab, Veränderungen sowohl im Bewusstsein als auch im Handeln zu vollziehen. (Feuser, G. 1987b, S. 68)

Merkmale der Integration

Integration nach dem Verständnis von Feuser stellt die Heterogenität der Gruppe und damit die Individualität des Einzelnen in das Zentrum aller integrativer Überlegungen und Maßnahmen und verhindert infolgedessen einerseits den Ausschluss von behinderten Schülern aus Regelschulen und andererseits das heutzutage häufig praktizierte Zusammenführen von Kindern und Jugendlichen in Gruppen, die annähernd dem gleichen geistigen Niveau entsprechen. (Feuser, G. 1995, S. 171)

Die mit Integration einhergehende Kooperation aller Schüler miteinander bedarf demnach einer durch Individualisierung zu realisierenden Inneren Differenzierung. (Feuser, G. 1987b, S. 52) Diese wird erreicht, indem der für die erfolgreiche Umsetzung der Kooperation notwendige gemeinsame Unterrichtsgegenstand in all seinen Dimensionen so aufbereitet wird, dass sich jeder Schüler der Klasse entsprechend seinem gegenwärtigen

Entwicklungsniveau mit diesem auseinandersetzen und bezogen auf die Gruppe als auch auf den Gegenstand kompetent handeln kann. Jedes Kind ist dadurch in der Lage sich in das gemeinsame Vorhaben einzubringen. Die sich durch die Mitarbeit eines jeden für die gesamte Klasse aufbauende soziale Gemeinschaft, bildet nun den Rahmen für die Aneignung neuer Handlungskompetenz und erweiterter Realitätskontrolle, die schließlich bedeutende Voraussetzungen für die physische und psychische Weiterentwicklung des Schülers sind. (Feuser, G. 1984, S. 22-23)

Trotz des gemeinsamen Unterrichts basierend auf einem gemeinsamen Gegenstand werden die Lernziele variabel festgelegt. So führen die Schüler weder alle die gleichen Tätigkeiten aus noch wird von ihnen das gleiche Ergebnis erwartet. (Feuser, G. 1987b, S. 52 / 1995, S. 185) Lernangebote und Lehrmethoden sollten sich grundsätzlich an den Gesetzmäßigkeiten der menschlichen Wahrnehmungsfähigkeit, Entwicklung und des Lernens orientieren, denn nur dann ermöglicht die Individualisierung eines gemeinsamen Curriculums, als Resultat der Inneren Differenzierung, jedem einzelnen Mitglied der Klasse entsprechend seinem Entwicklungsniveau zu lernen. (Feuser, G. 1987a, S. 20 / 1995, S. 170)

Die integrative Pädagogik beruht auf der Annahme, dass jedes Individuum zur Aneignung bedeutsamer gesellschaftlicher Erfahrungen spezifischer Hilfen bedarf, die folglich für die Sicherstellung bedarfsgerechten Lernens am richtigen Ort zur richtigen Zeit gewährt werden müssen.

Die dargestellten Ausführungen zeigen deutlich, dass die Institution in der gelehrt und gelernt wird nicht ein Bestimmungsfeld sondern ein Ermöglichungsfeld darstellt. (Feuser, G. 1987a, S. 20-27)

Rahmenbedingungen für die Umsetzung von Integration

Die Umsetzung der Integration in die Praxis erfordert die Berücksichtigung qualitativer und quantitativer Aspekte, wobei der Qualität im Hinblick auf eine erfolgsversprechende Realisierung integrativer Maßnahmen und Projekte in verschiedenen Institutionen Vorrang gegeben werden sollte. Standort- und Organisationsbedingungen als auch personelle und materielle

Gesichtspunkte spielen in diesem Zusammenhang eine zentrale Rolle. Feuser skizziert verschiedene Prinzipien, deren Beachtung Voraussetzung sind, um Integration entsprechend seiner Vorstellung verwirklichen zu können. (Feuser, G. 1995, S. 187-190)

Wohnortnahe Integration als ein zu realisierender Anspruch an die Integrationspraxis zeichnet sich dadurch aus, dass gerade behinderte Kinder und Jugendliche in ihrem gewohnten Lebens- und Lernumfeld belassen werden, um die zuvor in der Institution geschlossenen Freundschaften auch außerschulisch aufrechterhalten und vertiefen zu können. Im Rahmen der Schule kann Erziehung und Bildung nur angestoßen werden. Bewähren kann sie sich letztlich nur im Alltag außerhalb der Institution, durch Begegnungen beim Einkauf, im Wohnbezirk und dem damit einhergehenden Aufbau von Solidargemeinschaften. (Feuser, G. 1987b, S. 58)

„Regionalisierung erfordert die Dezentralisierung aller spezifischen materiellen und personellen Hilfen für die Kinder." (Feuser, G. 1987b, S. 59). Therapie- und Beratungsangebote als auch personelle und materielle Ressourcen sollten nicht an einer zentralen Stelle verfügbar sein, sondern an den Lern- und Lebensorten der Kinder und Jugendlichen eingesetzt werden. Die bedarfsgerechte Bedienung der verschiedenen Integrationsstandorte setzt daher ein hohes Maß an Mobilität und Flexibilität der einzelnen sonderpädagogischen Fachkräfte und Therapeuten voraus. Anstelle Therapien isoliert von den anderen Schülern durchzuführen, sollten diese innerhalb der Klasse in das Unterrichtsgeschehen integriert werden, um bei den anderen nicht den Eindruck zu erwecken, dass das zu therapierende Kind etwas Besonderes ist. Therapie, Pädagogik und Unterricht sind somit als Einheit zu verstehen und infolgedessen auch zu praktizieren. Dieses Prinzip der integrierten Therapie hat zur Folge, dass Sonderpädagogen und Therapeuten nicht mehr an Institutionen gebunden sind, sondern jeweils dort eingesetzt werden, wo die behinderten Schüler eingegliedert sind. (Feuser, G. 1987a, S. 11 / 1995, S. 191)

Um die Erreichbarkeit aller Schüler an ihren Lebens- und Lernorten zu gewährleisten, sollten die jeweiligen sonderpädagogischen Fachkräfte und Therapeuten in einem gemeinsamen ‚Pool' organisiert werden. Dadurch wird der Anforderung der einzelnen Schulen und Institutionen, je nach Bedarf

Fachpersonal anfordern zu können, Rechnung getragen. (Feuser, G. 1987b, S. 59)

Eine optimale Realisierung einer Integrationspädagogik im Sinne der Schüler erfordert darüber hinaus die Kooperation aller im Team untereinander. Sei es bei der Planung und Durchführung oder der späteren Auswertung - Pädagogen, Therapeuten und sonderpädagogische Fachkräfte sollten zusammenarbeiten. In Folge der gegenseitigen Anleitung, Beobachtung und Beratung können sie sowohl die fachliche Kompetenz als auch die Handlungsmöglichkeit des anderen in die eigene integrieren und basierend auf diesem Kompetenztransfer das Lernen und die Weiterentwicklung des Schülers bestmöglich fördern. (Feuser, G. 1995, S. 191 / 1987b, S. 60) Die Einigkeit im Team über den Entwicklungsstand eines Schülers, über den gemeinsamen Gegenstand, über die Lernziele und über die anzuwendenden Methoden diese zu erreichen, bilden die Voraussetzungen für eine gemeinsame Planung des Unterrichts. Ob und inwieweit Therapien angewendet oder andere spezifische Hilfen zum Einsatz kommen, um dem Schüler in der Institution optimale Lern- und Entwicklungsmöglichkeiten bieten zu können, wird gemeinsam mit den jeweils für die Klasse zuständigen Fachkräften erörtert und beschlossen. Auch die notwendige Reflexion des Unterrichtsgeschehens und die damit einhergehende Absprache der weiteren Vorgehensweise, erfordert von allen Beteiligten des Teams die Bereitschaft sich neue Handlungskompetenzen anzueignen oder bestehende zu erweitern. (Feuser, G. 1987a, S. 11 / 1987b, S. 62)

Der Unterricht in Integrationsklassen sollte gleichberechtigt von Regel- und Sonderschullehrer durchgeführt werden. Sowohl die Führung des Unterrichts als auch die Unterstützung aller Schüler der jeweiligen Klasse sind grundlegende Anforderungen, deren Umsetzung von beiden Fachkräften angestrebt werden sollte. (Feuser, G. 1987a, S. 11) Nur so kann erreicht werden, dass sich beide als Lehrer für alle Schüler verstehen und die durch die Anwendung traditioneller Diagnoseverfahren oftmals entstehende Selektion weitgehend vermieden wird. (Feuser, G. 1995, S. 189)

Einen integrativen Unterricht zu planen, der die Bedürfnisse behinderter und nichtbehinderter Schüler gleichermaßen berücksichtigt, fordert von den Lehrkräften zunächst die Revidierung ihres vorherrschenden Menschenbildes.

Erst wenn sie jeden Schüler auf seiner jeweiligen Entwicklungsstufe als „kompetent und intelligent handelnden Menschen" (Feuser, G. 1995, S. 171) begreifen, kann aufbauend auf diesem Fundament Integration verwirklicht werden. Bei der Festlegung von Lernzielen und -methoden sollten sich Lehrer und pädagogische Fachkräfte an den Gesetzmäßigkeiten menschlicher Persönlichkeitsentwicklung und menschlichen Lernens orientieren, um für jeden Schüler einen Lernerfolg zu garantieren. (Feuser, G. 1987b, S. 61) Basierend auf einem gemeinsamen Unterrichtsgegenstand werden Ziele, Methoden und Medien differenziert, so dass durch dieses gemeinschaftliche individualisierte Curriculum den unterschiedlichen Entwicklungsniveaus der Schüler entsprochen wird. Diese auf Grundlage der Individualisierung realisierte Innere Differenzierung bietet jedem Klassenmitglied die Möglichkeit durch seine Arbeit einen wertvollen Beitrag zum Gelingen des Gesamtprojekt leisten zu können. Darüber hinaus sollte der Unterricht so ausgerichtet werden, dass er die Erreichung der nächsthöheren Entwicklungsstufe des Schülers anstrebt. Von Seiten des Lehrers erfordert dieses Ziel die Anwendung verschiedener Kommunikationsformen, um sich nicht nur auf präverbaler sondern auch auf verbaler Ebene mit dem Schüler angemessen verständigen zu können. (Feuser, G. 1987a, S. 21-23)

Ein quantitativer Aspekt, der in diesem Zusammenhang nicht unerwähnt bleiben soll, bezieht sich auf die schulbezogene Ausstattung. Noch immer sind diese Ressourcen an die Art und den Schweregrad der Behinderung gebunden, was eine Etikettierung dieser Schüler zur Folge hat. Dem entgegenzuwirken bedarf es einer schulbezogenen Ausstattung, die sich primär nach der Anzahl der Kinder und Jugendlichen mit Schädigungen oder sozialen Problemen und den damit einhergehenden notwendigen therapeutischen Aufwand sowie nach der individuellen Betreuung durch diverse Fachkräfte richtet. (Feuser, G. 1995, S. 188)

Kritik an der gegenwärtigen Umsetzung von Integration

Die heutige Pädagogik versteht Integration in erster Linie nur aus phänomenologisch orientierter Perspektive. Häufig nur mit dem Augenmerk auf die Unterrichtsorganisation und die räumliche Zusammenführung behinderter und nichtbehinderter Schüler gerichtet, werden die Bedürfnisse des Einzelnen bei dem Versuch Integrationspraxis zu betreiben weder erkannt noch wird ihnen Rechnung getragen. Integrative Maßnahmen wie sie heute angewandt werden, bergen die Gefahr in sich behinderte Kinder und Jugendliche zu ‚Auch-Menschen' zu klassifizieren und führen so „die alte Ungleichheit und Abhängigkeit der Behinderten von den Nichtbehinderten" (Feuser, G. 1987b, S. 65) fort. Obwohl sie ‚auch' in die Regelschule gehen dürfen, was für nichtbehinderte Kinder selbstverständlich ist, erfolgt der Unterricht dort auf der Basis eines eigens für sie individualisierten Lehrplans, oftmals gekennzeichnet durch reduzierte Bildungsinhalte. (Feuser, G. 1995, S. 134) Gerade für geistig behinderte Kinder und Jugendliche bringt die heutzutage betriebene Integrationspraxis mehr Nachteile mit sich als das sie ihnen nutzt. Das Nichtvorhandensein speziellen Personals und Materials sowie die nur einseitig auf nichtbehinderte Kinder ausgerichtete Didaktik nimmt dem Behinderten jegliche Möglichkeit angemessen zu lernen und führt schließlich zur sozialen Vereinsamung. (Feuser, G. 1995, S. 198) Verursacht durch den noch immer dominierenden Fächerunterricht in Regelschulen erfolgt trotz Integration Behinderter in Klassen mit nicht behinderten Schülern häufig kein gemeinsamer Unterricht. Einzel- und Kleingruppenunterricht speziell nur für behinderte Schüler sind die Folge. (Feuser, G. 1995, S. 179-180)

Besonders die Gruppe der Kinder und Jugendlichen mit schwerer geistiger Behinderung oder Mehrfachbehinderung wird von Integrationspädagogen oftmals als nicht integrierbar eingestuft. Die Motive hierfür sind in den Einstellungen und Haltungen der Pädagogen gegenüber Behinderten zu finden. Sie sind der Auffassung, dass mit der heutigen Unterrichtsarbeit schon genug Probleme einhergehen und ein Hinzukommen schwerstbehinderter Schüler, mit denen eine Verständigung oft nicht möglich erscheint, diese Situation noch verschärfen würde, was eine völlige Überforderung ihrerseits zur Folge hätte. Um größtmögliche Homogenität zu gewährleisten, werden diese Kinder schließlich in die Sonderschule abgeschoben, die infolgedessen nun zur Restschule degeneriert. (Feuser, G. 1995, S. 182-183 / S. 208 und 220)

Auch wenn in Regelklassen integrierte behinderte Schüler durch eigene Erkenntnisse der Klasse Anregungen geben, wird dies von den Lehrern nicht anerkannt oder im schlimmsten Fall sogar als störend empfunden. So wird die Individualität des behinderten Schülers unterdrückt, um Raum für die vom Lehrer angestrebte Erreichung des Unterrichtsziels zu schaffen. Das zeigt deutlich, welche Defizite die Pädagogen gegenwärtig noch aufweisen. Ein Lernerfolg spiegelt sich für sie nur in nach außen erkennbaren Fortschritten wider. Das hat zur Folge, dass sie auch den Entwicklungsstand des behinderten Schülers „nur nach den reifen Früchten" (Feuser, G. 1995, S. 186 zitiert nach Vygotskij 1964, 242) beurteilen. Dabei bedenken sie jedoch nicht, dass der von ihnen durchgeführte Unterricht im Ergebnis die gesamte Entwicklung eines Kindes fördern muss. (Feuser, G. 1995, S. 184-186)

Noch immer befinden sich Sonder- und Regelschulen häufig an unterschiedlichen Standorten, so dass die für Integration erforderliche räumliche Zusammenführung behinderter und nichtbehinderter Kinder und Jugendlicher nicht ermöglicht wird. (Feuser, G. 1995, S. 208) Nach und nach werden aber auch sogenannte Integrationsschulen gebildet. Doch trotz aller Bemühungen Integration durch den Aufbau dieser Schulen zu realisieren, führt die Existenz des in der Praxis bestehenden gegliederten Schulsystems und die daraus resultierenden notwendigen Selektionsprozesse dazu, dass auch diese Institution letztlich ein selektives System bleibt. Folglich handelt es sich somit wieder nur „um eine weitere zu etablierende ‚Sonderpädagogik'" (Feuser, G. 1995, S. 135).

Dass sich Integration häufig wirtschaftlichen Interessen unterordnen muss, zeigt sich im stetigen Vorantreiben integrativer Maßnahmen, unabhängig davon, ob diese für den jeweiligen Schüler Vor- oder Nachteile mit sich bringen. Die mit der Auflösung von Sonderschulen verbundene Kosteneinsparung scheint in diesem Fall der primäre Grund für diese Vorgehensweise zu sein. Dieser Aspekt zeigt offen, wie schwierig es ist, die Ansprüche von Erziehung und Bildung mit den Vorstellungen der Politik in Einklang zu bringen. (Feuser, G. 1995, S. 134-139)

Die bereits erwähnte einseitige Betrachtung der Didaktik in der Integrationspädagogik stellt für Feuser sowohl die Ursache als auch die Folge der heute bestehenden Konflikte innerhalb der Integrationsbewegung dar. (Feuser, G. 1995, S. 133) Nur wenn die praktizierte Pädagogik und Didaktik überdacht und zu Gunsten aller Schüler verändert werden, ist seiner Meinung nach der Weg für die Realisierung einer unteilbaren Integration geebnet. (Feuser, G. 1995, S. 183)

Zusammenfassend wird verdeutlicht, dass Integration gleichermaßen Weg und Ziel darstellt. (Feuser, G. 1995, S. 199) Nur dort, wo heute vorliegende Erkenntnisse didaktischer und methodischer Art im Unterricht umgesetzt werden, wird man dem Anspruch der Integration „Allen alles zu lehren" (Feuser, G. 1995, S. 171) gerecht werden. (Feuser, G. 1987a, S. 105)

Integration nach Hinz und Feuser im Vergleich

Beide Autoren haben sich mit dem Begriff der Integration auf ihre Weise und ihrem Verständnis nach auseinander gesetzt. Darüber hinaus wurde von Hinz auch das Wesen der Inklusion mit in die Betrachtung gezogen.

Kennzeichnend für Integration ist laut Hinz in erster Linie der Einbezug behinderter Kinder und Jugendlicher in Gruppen mit Nichtbehinderten. Um dort ihre Weiterentwicklung entsprechend zu fördern sind personenbezogene Ressourcen als auch eigens für sie zuständige Pädagogen erforderlich. Dem entgegen steht die Auffassung von Feuser, der zwar auch den Anspruch hat behinderte und nichtbehinderte Schüler in Institutionen zusammenzuführen, um so eine Vollintegration zu realisieren, aber unter der Prämisse, das sich die dortige Materialausstattung und der Personaleinsatz nicht nach der behinderten Person richtet, sondern primär nach der Anzahl der Kinder und Jugendlichen mit Schädigungen oder sozialen Problemen. Nur schulbezogene Ressourcen verhindern seiner Meinung nach effektiv eine Etikettierung des Behinderten.

Die angestrebte Erreichung der im Lehrplan vorgegebenen Lernziele erstreckt sich in der Integrationspraxis wie Hinz sie darstellt auf alle Schüler einer Klasse. Obwohl man bereits im Vorfeld weiß, dass die integrierten Behinderten die festgelegten Lernziele nicht erreichen können, werden sie, vorausgesetzt die materiellen und personellen Rahmenbedingungen stimmen, in die Allgemeine Schule aufgenommen. Das Aufkommen dieser Problematik hat Feuser bereits vornehrein durch ein von ihm gefordertes gemeinsames, in Teilbereichen individualisiertes, Curriculum ausgeschlossen, welches er als Grundlage jeder erfolgreichen Integration sieht. Dieses zeichnet sich durch die Festlegung variabler Lernziele resultierend aus einem zuvor definierten gemeinsamen Unterrichtsgegenstand aus, wodurch jedem Mitglied der Klasse ermöglicht wird entsprechend seinem Entwicklungsstand zu lernen.

Die Aussage „Sag mir deine Schädigung und ich sage dir deine Integrationsmöglichkeiten" (Hinz, A. 2002, S. 356) kennzeichnet die von Hinz beschriebene praktische Umsetzung der Integration. Primär beruht die Auswahl geeigneter Integrationsformen auf einer zuvor getätigten Selektion mit dem Ziel eine größtmögliche Homogenität zu gewährleisten. Kinder und Jugendliche, die annähernd dem gleichen geistigen Niveau entsprechen werden folglich in Gruppen zusammengefasst. Mehrfachbehinderte hingegen werden durch dieses Verfahren verstärkt aus integrativen Maßnahmen und Projekten heraus gedrängt. Diese Vorgehensweise wird von Feuser entschieden abgelehnt. Im Mittelpunkt seines Integrationsverständnisses steht die Heterogenität einer Gruppe. Basierend auf der Individualität des Einzelnen wird eine Innere Differenzierung realisiert, indem der gemeinsame Unterrichtsgegenstand in all seinen Dimensionen so aufbereitet wird, dass jeder Schüler der Klasse die Möglichkeit hat einen wertvollen Beitrag zum Gelingen des gesamten Projektes beizutragen. Damit sind die Voraussetzungen für die Aneignung neuer Handlungskompetenz und den Aufbau einer sozialen Gemeinschaft, in der sich keiner ausgeschlossen fühlt, geschaffen.

Die von Hinz angesprochene Selektionspraxis resultiert seiner Meinung nach aus den Einstellungen und Haltungen der Pädagogen gegenüber Kindern und Jugendlichen mit Behinderungen. Mit dem Augenmerk auf das Nicht-Können behinderter Kinder gerichtet, werden diese bei den Überlegungen hinsichtlich der Integrierbarkeit bereits im Vorfeld ausgeschlossen oder sitzen isoliert in Integrationsklassen, ohne dass auf ihre Belange hinreichend eingegangen wird. Feuser und Hinz teilen die Ansicht, dass die Planung eines integrativen Unterrichts, der die Bedürfnisse aller Schüler der Klasse gleichermaßen berücksichtigt, ein Umdenken der pädagogischen Fachkräfte erfordert. Die Bereitschaft, Veränderungen im Bewusstsein und Handeln zu vollziehen, entscheidet letztlich über den Erfolg oder Misserfolg integrativer Maßnahmen.

Auch das Vorhandensein angemessener Rahmenbedingungen einer Schule als Grundlage für die Umsetzung von Integration wird von beiden als notwendig erachtet. Ein gemeinsames Lebens- und Lernumfeld Behinderter und Nichtbehinderter in ihrem gewohnten sozialen Umfeld zu schaffen, sieht Hinz als eine Herausforderung der integrativen Pädagogik. Feuser entspricht diesem Anspruch durch die Realisierung einer wohnortnahen Integration. Die mit der Regionalisierung erforderliche Dezentralisierung aller spezifischen Hilfen für behinderte Schüler führt im Ergebnis dazu, dass Maßnahmen dort angewandt werden wo man sie benötigt. Anstelle Therapien isoliert von den anderen Schülern durchzuführen werden diese nun so weit wie möglich in den Unterricht integriert, so dass das von Hinz kritisierte vielfach praktizierte räumliche Bei- oder Nebeneinander behinderter und nicht behinderter Schüler vermieden wird.

Die Realisierung der Integration nach dem Verständnis von Feuser erfordert ein gemeinsames Unterrichten von Regel- und Sonderschullehrern, gekennzeichnet durch einen ständigen Wechsel zwischen der Führung des Unterrichts und der Unterstützung der Schüler. Eigene Pädagogen für behinderte Kinder bereitzustellen, führt seiner Meinung nach dazu, dass dieser Schüler innerhalb der Gemeinschaft als etwas Besonderes dargestellt wird, was infolgedessen oftmals zu einer Etikettierung führt. Dem entgegen steht die Auffassung von Hinz. Die Entwicklung eines behinderten Schülers kann nur optimal gefördert werden, wenn eigens für ihn zuständige Pädagogen vorhanden sind. Ist diese Bedingung nicht erfüllt, scheitert das integrierte Kind laut Hinz an den sozialen und inhaltlichen Anforderungen der Schule und hat somit keine Chance sich persönlich zu entfalten.

Der hier erfolgte Vergleich betrachtet nur einige ausgewählte Aspekte des Integrationsbegriffs nach dem Verständnis beider Autoren. Jedoch scheint eines deutlich geworden zu sein: trotz Anwendung des gleichen Begriffs werden unterschiedliche Vorstellungen und Forderungen mit diesem verknüpft. Um diesen bedeutsamen Aspekt noch klarer hervorzuheben, wurden die getätigten Ausführungen von Hinz zum Thema Inklusion nicht mit in die Betrachtung gezogen. Wenn man sich diese aber anschaut, wird man festzustellen, dass sie vollständig dem Verständnis von Feuser's Integrationsbegriffs entsprechen. Folglich kommt es also nicht auf die Wortwahl an, sondern auf die Gedanken jedes Einzelnen, die mit diesem Begriff assoziiert werden. Gleicher Wortgebrauch bedeutet somit im Ergebnis noch lange nicht gleiches Verständnis.

Schlussbemerkung

Bedeutet gleicher Wortgebrauch auch gleiches Verständnis?
Die getätigten Ausführungen haben eindeutig gezeigt, dass dem nicht so ist. Wie Integration und Inklusion von jedem Einzelnen verstanden wird, hängt primär von dessen Vorstellungen und seinen bisherigen Praxiserfahrungen ab. Mit seinem Verständnis von Integration und den für die Realisierung notwendigen Rahmenbedingungen war Georg Feuser 1995 seiner Zeit um einige Jahre voraus. Bereits zu diesem Zeitpunkt beschrieb er integrative Pädagogik in einer Art und Weise, wie sie dem heute immer öfter auftauchenden Inklusionsbegriff entspricht.

Ob dieser theoretisch dargestellte Inklusions- beziehungsweise Integrationsbegriff jemals in seinem ganzen Ausmaß in die Praxis umgesetzt werden kann, ist jedoch fraglich. Zu viele Barrieren stehen auch heute noch der Verwirklichung dieser Pädagogik im Weg. So fördert beispielsweise das gliederte Schulsystem die Selektion anstatt sie zu verhindern. „Wille zur Integration bedeutet [...] Wille zur Schulreform" (Feuser, G. 1987a, S. 220), ein Anspruch, den Feuser schon vor Jahren gestellt hat, dem aber bis heute nur in wenigen Fällen entsprochen wurde, obwohl ein verändertes Schulprofil und ein darauf basierendes Schulprogramm grundlegende Voraussetzungen für eine erfolgreiche Integration behinderter Kinder und Jugendlicher bilden. Von Seiten der letztlich für die Umsetzung zuständigen Pädagogen verlangen beide Autoren eine Veränderung der Verhaltensweisen und Einstellungen als auch eine der jeweiligen Situation angepasste Didaktik, denn „Wo Lehrer, Therapeuten und Mitarbeiter [...] im integrativen Unterricht selbst nicht integriert sind kann [...] kein Schüler integriert werden" (Feuser, G. 1987a, S. 106). Dass integrative Pädagogik nach dem Verständnis von Feuser bereits in der Vergangenheit erfolgreich umgesetzt werden konnte, zeigt der im Jahre 1984 begonnene „Schulversuch zur gemeinsamen Unterrichtung behinderter und nichtbehinderter Schüler in einem Klassenverband (Integrationsklasse) der Grundschule am Standort Robinsbalje" (Feuser, G. 1987a, S. 7).

Integration beziehungsweise Inklusion ist ein Prozess, der sich täglich und immer wieder neu vollzieht. Die Herausforderung der gegenwärtigen Inklusionsbewegung sollte demnach darin bestehen, den Begriff der Inklusion nicht zum neuesten Modewort der Pädagogik verkommen zu lassen, sondern alle Möglichkeiten für die gegenwärtige und zukünftige Realisierung der damit verbundenen Ansprüche und Forderungen zu schaffen.

Literaturverzeichnis

Feuser, Georg (1984): Gemeinsame Erziehung behinderter und nichtbehinderter Kinder im Kindertagesheim. Bremen: Diakonisches Werk.

Feuser, Georg / Meyer, Heike (1987a): Integrativer Unterricht in der Grundschule. Solms: Jarick Oberbiel.

Feuser, Georg (1987b): Unverzichtbare Grundlagen und Formen der gemeinsamen Erziehung behinderter und nichtbehinderter Kinder in Kindergarten und Schule. In: Kniel, Andrian (Hrsg.): Integration behinderter Kinder im Vorschulalter. Kassel: Gesamthochschule Kassel.

Feuser, Georg (1995): Behinderte Kinder und Jugendliche. Darmstadt: Wissenschaftliche Buchgesellschaft.

Hinz, Andreas (1992): Kinder mit schwersten Behinderungen. Herausforderung und Aufgabe für integrative Pädagogik. In: Hinz, Andreas (Hrsg.): Schwerstbehinderte Kinder in Integrationsklassen. Marburg: Lebenshilfe-Verlag.

Hinz, Andreas (2002): Von der Integration zur Inklusion – terminologisches Spiel oder konzeptionelle Weiterentwicklung? In: Zeitschrift für Heilpädagogik Jg. 53, Nr. 9, S. 354-360.

Hinz, Andreas (2007): Elementare Unterstützungsbedürfnisse als Herausforderung an inklusive Pädagogik. In: Hinz, Andreas (Hrsg.): Schwere Mehrfachbehinderung und Integration. Marburg: Lebenshilfe-Verlag.

Eva Herrmann (2012): Das inklusive Konzept der Montessori-Pädagogik und das Menschenrecht auf Bildung für Behinderte. Ein mögliches Vorbild für ein deutsches inklusives Bildungssystem

Einleitung

Integration und Inklusion sind (pädagogisch) zentrale Begriffe der Gegenwart, die heutzutage auch in den Medien zunehmend verbreitet sind. Nicht selten werden sie im alltäglichen Gebrauch miteinander gleichgesetzt, weil man denken könnte, das Wort Inklusion hat das der Integration abgelöst. Dabei verbergen sich hinter diesen zwei Begriffen unterschiedliche Forderungen und Ziele, welche im Feld der Pädagogik eine sehr wichtige Rolle einnehmen, darunter auch im Bereich der Schule. Was die Integrations- und Inklusionspädagogik gemeinsam haben, ist der Anspruch, Kinder und Jugendliche zusammen zu unterrichten, unabhängig von ihren individuellen Fähigkeiten und Behinderungen sowie von ihrer sozialen, ethischen und kulturellen Herkunft. Seit 2009 hat sich Deutschland dazu verpflichtet, ein inklusives Bildungssystem zu errichten, und somit einen gemeinsamen Unterricht von Kindern mit und ohne Behinderungen zu gewährleisten. Jedoch stellt sich immer wieder die Frage, wie dies umgesetzt werden kann. Befasst man sich mit der Montessori-Pädagogik, so wird deutlich, dass hier bereits eine lange Erfahrung mit einem inklusiven Konzept besteht.

In der folgenden Arbeit soll die Inklusion von Menschen mit Behinderungen im Bereich der Schule im Mittelpunkt stehen. Zunächst einmal soll gezeigt werden, warum die Worte Integration und Inklusion oftmals nebeneinander auftauchen, und wie diese v. a. im pädagogischen Diskurs miteinander zusammenhängen. Anschließend werde ich den Begriff Inklusion definieren. Dazu ist es nötig, diesen von dem der Integration abzugrenzen, um ein klares Bild davon zu bekommen, in welchen Punkten sich die beiden voneinander unterscheiden.

Im darauffolgenden Teil dieser Arbeit werde ich verdeutlichen, dass das Bereitstellen eines inklusiven Schulsystems seit der Unterzeichnung der Behindertenrechtskonvention eine Verpflichtung für Deutschland darstellt. Es soll gezeigt werden, wie es zur Entstehung dieses Menschenrechts kam und anschließend der Artikel 24, der dies rechtlich verankert, näher beleuchtet werden.

Als eine Möglichkeit, wie man die Inklusion von behinderten Menschen im schulischen Bereich verwirklichen kann, sollen Maria Montessori mit ihrem Erziehungskonzept sowie die inklusiven Ansätze der Montessori-Pädagogik – wie sie sich in der Praxis umsetzten – betrachtet werden.

Im Schlussteil dieser Arbeit möchte ich schließlich ein Resultat ziehen, ob dieses inklusive Konzept die Anforderungen des Artikels 24 erfüllt, ob sich gewisse Nachteile durch dieses Konzept ergeben und ob es letztendlich als Vorbild für den Ausbau des inklusiven Bildungssystems in Deutschland dienen kann.

Begriffsklärung von Integration und Inklusion

Zusammenhang der beiden Begriffe im pädagogischen Diskurs

Im Diskurs um Integration und Inklusion implizieren die beiden Begriffe das Streben nach einer Teilhabe für alle Menschen an allen Bereichen des Gemeinwesens. Diese Teilhabe soll demnach gleichberechtigt, gleichwertig, barrierefrei und unbegrenzt sein. Somit kann schließlich ein Menschenrecht verwirklicht werden (vgl. Feuser 2010, S. 17): „Die Einbindung und das Aufgehobensein in soziale gesellschaftliche Verhältnisse" (Stein et al. 2010, S. 11).

Laut Prof. Dr. Georg Feuser, der sich seit Jahren sehr intensiv mit der Thematik der Integration und Inklusion im Rahmen der Behindertenpädagogik auseinandersetzt, beinhaltet Integration das Ziel, dass alle Kinder und Jugendliche miteinander lernen dürfen, unabhängig von ihren verschiedenen Lernmöglichkeiten, ihrem Entwicklungsstand und ihren Beeinträchtigungen. Auch eine andere Sprache, Religion oder Nationalität dürfen einem gemeinsamen Unterricht nicht im Wege stehen. Ein solch errichtetes integratives System in den Bereichen der Erziehung, Bildung und des Unterrichts, das ohne Selektion und Segregation auskommt, kann nach Feuser dann fachlich gesehen als ein inklusives aufgefasst werden. Er ist also der Meinung, dass die Integration behinderter Menschen in die Klassen bestehend aus Nichtbehinderten, die Prämisse für die Umsetzung/Entstehung eines inklusiven Bildungssystems darstellt. Indem sich also ein Wandel in der pädagogischen Praxis vollziehen würde, hin zu einer gleichberechtigten und gleichwertigen Teilhabe an Bildung für alle Menschen, könnten schließlich inklusive Felder im Bereich des Lernens entstehen (vgl. Feuser 2010, S. 19 f.).

Eine solche oder ähnliche Auffassung wird immer wieder auch von anderen Autoren in der Literatur zum inklusiven Bildungssystem wiedergegeben, so beispielsweise auch bei dem Sonderpädagogen Prof. Dr. Alfred Sander:

„Unter Inklusion kann man eine optimierte und erweiterte Integration verstehen: optimiert durch den Abbau der öfters noch beobachtbaren Schwächen der Integrationspraxis und erweitert durch die Einbeziehung aller Kinder und Jugendlichen mit besonderen pädagogischen Bedürfnissen welcher Art auch immer" (Sander 2008, S. 350).

Man sieht hier bereits, dass die beiden Begriffe nicht wirklich trennbar voneinander sind. Deshalb tauchen sie auch so oft in Verbindung miteinander auf. In der Begriffsdiskussion wird der Integrationsbegriff auch oft als der „zu überwindende" und der Inklusionsbegriff als „der weiterführende" genannt (vgl. Stein et al. 2010, S.10). Sie sind aber dennoch nicht synonym zu verwenden, da sie einen wichtigen Unterschied aufzeigen, der im Folgenden ausgeführt wird.

Definition und Abgrenzung der Begriffe Integration und Inklusion

Der Begriff *Integration* bedeutet so viel wie „Eingliederung" oder „Einbeziehung". Es geht also darum, „(…) Menschen mit besonderen Bedürfnissen in eine Gruppe von Menschen bzw. ein System von Menschen ohne Behinderungen aufzunehmen, d.h. Individuen einzugliedern, die vorher ausgeschlossen waren (…)" (Eckert et al. 2010, S. 8). Die behinderten Individuen werden demnach in die Gesellschaft bzw. in das Bildungssystem mit einbezogen und von ihr bzw. von ihm aufgenommen, jedoch werden sie immer noch als eine getrennte Gruppe auf Grund ihrer Beeinträchtigungen angesehen.

Inklusion hingegen ist gleichzusetzen mit den Worten „Einschluss" oder „Enthaltensein", was bedeutet, dass von Anfang an niemand ausgeschlossen wird und somit auch keine Eingliederung mehr nötig ist. Menschen mit Behinderungen werden demnach nicht mehr getrennt von nichtbehinderten Menschen betrachtet und behandelt. Deshalb entfällt auch die Notwendigkeit der Integration von behinderten Menschen in die Lerngruppen von Nichtbehinderten. Der Inklusionsgedanke impliziert das Ziel, eine gemeinsame Beteiligung am gesellschaftlichen Leben und damit auch ein gemeinsames Lernen von Anfang an zu gewähren, und dabei die Verschiedenheit der Individuen außer Acht zu lassen (vgl. ebd.). Menschen mit und ohne Beeinträchtigungen werden demnach nicht als zwei verschiedene Gruppen angesehen. So kann sich eine heterogene bzw. vielfältige Klasse entwickeln.

Die Umsetzung des Inklusionsgedankens betrifft jedoch nicht nur die pädagogische Ebene, sondern v. a. auch die (bildungs-)politische. Der Anspruch, dass Menschen mit besonderen Bedürfnissen in Deutschland Zugang zu den Regelschulen haben, stellt in Form des Artikels 24 der Behindertenrechtskonvention (BRK) mittlerweile ein Menschenrecht dar. Im nächsten Abschnitt soll aufgezeigt werden, wie es zur Entstehung dieses Menschenrechts kam, und welche Aspekte darin enthalten sind.

Der rechtlich verankerte Anspruch auf Inklusion im deutschen Bildungssystem als Menschenrecht

Die Salamanca-Erklärung

Ein bildungspolitischer Paradigmenwechsel wurde bereits im Jahre 1994 durch die Weltkonferenz der UNESCO[1] im spanischen Salamanca hinsichtlich einer Pädagogik für besondere Bedürfnisse vorbereitet (vgl. Eckert 2010, S. 8). Dabei wurden die Artikel der sogennanten Salamanca-Erklärung von den zur damaligen Zeit existierenden 92 UNESCO-Mitgliedsstaaten – darunter auch Deutschland – unterzeichnet (vgl. Van der Wolf 2010, S. 76). Die daraus hervorgehende Forderung lautet, das Angebot einer Bildung für alle Kinder sicherzustellen, die ohne Diskrimination auskommt und in ihrer Qualität hochwertig ist. Das impliziert, dass Menschen wegen ihrer besonderen Bedürfnissen, d.h. auf Grund ihrer Behinderungen nicht selektiert werden dürfen (vgl. Eckert 2010, S. 8). So steht beispielsweise in Artikel 2 geschrieben:

„Wir glauben und erklären, (…) dass Regelschulen mit dieser integrativen Orientierung das beste Mittel sind, um diskriminierende Haltungen zu bekämpfen, um Gemeinschaften zu schaffen, die alle willkommen heissen, um eine integrierende Gesellschaft aufzubauen und um Bildung für Alle zu erreichen; (…)" (UNESCO 1994, S. 2).

Die Salamanca-Erklärung als das bedeutsamste internationale Dokument der Pädagogik für Kinder mit besonderen Bedürfnissen stellt ein Hauptmerkmal im Diskurs der sonderpädagogischen Literatur dar. Sie löste die sogenannte Inklu-

---

[1] Die UNESCO (Organisation der Vereinten Nationen für Bildung, Wissenschaft und Kultur) hat zur Aufgabe, die Bereiche Erziehung, Wissenschaft, Kultur, Kommunikation und Information zu fördern, und Menschenrechtsbildung zu betreiben.

sionsdebatte aus, in der geklärt werden sollte, wie diese Kindern am effizientesten unterrichtet werden können, da diesbezüglich noch viele Fragen offen standen (vgl. Van der Wolf 2010, S. 77f.). Darauf kann im Rahmen dieser Hausarbeit jedoch leider nicht eingegangen werden. Nur wenige Jahre später wurde der Paradigmen-wechsel mit der BRK weiter befördert.

Die UN-Konvention über die Rechte von Menschen mit Behinderungen

Am 13.12.2006 verabschiedete die Generalversammlung der UNO[2] die sogenannte Behindertenrechtskonvention. Ziele der BRK sind – so könnte man es zusammen-fassen – das Vorantreiben der Chancengleichheit und die Bekämpfung der Diskri-minierung von behinderten Menschen. Individuen mit besonderen Bedürfnissen sollen daher in die sozialen Verhältnisse der Gesellschaft eingebunden werden und sich darin wohlfühlen können. Die UN-Konvention befasst sich deshalb inhaltlich mit den Menschenrechten, die behinderten Individuen zugeschrieben werden. Der Artikel 24, bei dem es um die Bildung von Menschen mit Behinderungen geht, fordert in Absatz 1 die Gewährleistung eines inklusiven Bildungssystems auf allen Ebenen (vgl. Hüppe 2010, S. 35). Im März 2009 wurde das Übereinkommen der Vereinten Nationen schließlich von Deutschland unterschrieben. Damit hat sich das Land eindeutig dazu verpflichtet, ein Bildungssystem zu schaffen, das allen Kindern eine gemeinsame und qualitativ hochwertige Schulausbildung gewährt, unabhängig davon, ob und welche Art von Behinderung die Kinder haben. In Absatz 2a) des Artikels 24 steht deshalb geschrieben:

> Bei der Verwirklichung dieses Rechts stellen die Vertragsstaaten sicher, dass (…) Menschen mit Behinderungen nicht aufgrund von Behinderung vom allgemeinen Bildungssystem ausgeschlossen werden und dass Kinder mit Behinderungen nicht aufgrund von Behinderung vom unentgeltlichen und obligatorischen Grundschulunterricht oder vom Besuch weiterführender Schulen ausgeschlossen werden (Hüppe 2010, S. 36).

Weiterhin wird durch die Sätze c), d) und e) des 2. Absatzes in Artikel 24 sichergestellt, dass zum einen passende Vorkehrungen, ausgerichtet an den individuellen Bedürfnissen dieser Kinder, vorgenommen werden. Zum anderen verpflichtet sich das jeweilige Land dazu, notwenige Unterstützungen, die einen Bildungserfolg erleichtern sollen, sowie angepasste Unterstützungsmaßnahmen

---

[2] Die UNO (Organisation der Vereinten Nationen) hat primär für die Wahrung des Weltfriedens zu sorgen und daher beispielsweise auch die Aufgabe, den Schutz der Menschenrechte zu sichern.

bezüglich des Umfeldes für behinderte Kinder zu schaffen. Ferner wird in Absatz 3 für die einzelnen Vertragsstaaten die Pflicht vorgesehen, Maßnahmen zu ergreifen, welche die gleichberechtigte Teilhabe an Bildung begünstigen. Im 4. Absatz dieses Artikels zur Bildung wird v. a. gefordert, dass zudem bestimmte Vorkehrungen im Hinblick auf die Einstellung von Lehrkräften getroffen werden müssen. Darunter wird verstanden, dass man beispielsweise LehrerInnen einstellt, die die Gebärdensprache o. ä. beherrschen. Auch Schulungen sollen im gesamten Bildungswesen für dessen MitarbeiterInnen und Fachkräfte stattfinden. In Absatz 5 wird schließlich noch einmal betont, dass die unterzeichnenden Länder versichern, Kindern mit besonderen Bedürfnissen einen Zugang voller Gleichberechtigung und ohne Diskriminierung zu einem gemeinsamen Unterricht mit Kindern ohne Behinderungen zu gewähren (vgl. Hüppe 2010, S. 36-38).

Seit der Unterzeichnung der UN-Konvention über die Rechte von Menschen mit Behinderungen, sieht sich Deutschland vor die Aufgabe gestellt, ein inklusives Bildungssystem zu ermöglichen. Dabei kommen jedoch immer wieder Problematiken auf, wie dies umgesetzt werden kann. Daher soll nun die schulische Inklusion von Menschen mit besonderen Bedürfnissen innerhalb der Montessori-Pädagogik aufgezeigt werden, welche bereits über einen langen Zeitraum hinweg in der Montessorischen Praxis nach einem bestimmten Konzept. Zuvor soll jedoch erst einmal die Reformpädagogin Maria Montessori mit ihrem Erziehungskonzept vorgestellt werden.

Schulische Inklusion in der Montessori-Pädagogik

Maria Montessori und ihr Erziehungskonzept

Maria Montessori arbeitete im Rahmen ihres Medizinstudiums von 1895-1896 in der psychiatrischen Abteilung der Universitätsklinik in Rom. Dort traf sie auf Menschen und Kinder, die wegen ihrer geistigen Behinderungen gesellschaftliche Segregation erfahren mussten und demnach verwahrt wurden. Zudem existierten zur damaligen Zeit kaum pädagogische Ansprüche dahingehend, wie man mit diesen Menschen umzugehen hat (vgl. Winkler 2010, S. 85). Es wurde als eine rein medizinische Aufgabe angesehen, diese zu behandeln (vgl. Van der Wolf, S. 74). Von diesem Zeitpunkt an, setzte sich die Medizinerin für die Pädagogik behinderter Kinder ein, und beschäftigte sich auch auf wissenschaftlicher und fachlicher Ebene mit dieser Thematik. Im Jahre 1898 forderte sie schließlich den Aufbau von Sondereinrichtungen für Kinder mit Behinderungen sowie die Anstellung eines gut ausgebildeten Personals in diesen Institutionen. Daraufhin wurde 1899 die Organisation „Nationaler Verband zur Erziehung behinderter Kinder" gegründet. 1907 errichtete sie dann das Kinderhaus, dessen Gründung die Geburtsstunde der Montessori-Pädagogik war und zugleich die endgültige berufliche Wende von der Ärztin hin zur bekennenden Pädagogin.

Maria Montessori hatte die revolutionäre Auffassung, dass Kinder mit Behinderungen nicht nur eine medikamentöse Behandlung benötigen, und nicht in gesonderte Institutionen eingeschlossen werden sollten, sondern primär eine pädagogische Förderung erhalten müssen (vgl. Winkler 2010, S. 85-87). Deshalb plädierte sie nur wenige Jahre später – diese waren gefüllt von Erfahrungen mit geistig beeinträchtigten Kindern in den von ihr gegründeten Kinderhäusern – eine schulische und pädagogische Wende:

> „In der Schule und in der Pädagogik ist eine Reform nötig, die dafür sorgt, dass alle Kinder während der Zeit ihrer Entwicklung geschützt sind, eingeschlossen jene, die bisher Probleme hatten, am gesellschaftlichen Leben teilzunehmen. Mit dieser Forderung möchte ich den Grundstein für den Aufbau einer Pädagogik legen, die speziell auf geistig behinderte Kinder zugeschnitten ist, sowie für die Einrichtung besonderer Schulen für

diese Kinder" (Montessori 1913, zit. bei Van der Wolf 2010, S. 74).

Damit diese Forderung umgesetzt werden konnte, nannte Maria Montessori vier Prämissen, die aus ihren Forschungsarbeiten hervorgingen und den oben genannten Grundstein bilden sollten: ein bestimmtes Menschenbild, die Verwendung eines praktischen Materials sowie ein methodisch sinnvoller Umgang damit, die Schaffung spezieller Institutionen für diese Arbeit und zudem ein hoch qualifiziertes, pädagogisches Personal mit einer spezifischen Ausbildung. Diese vier genannten Maßnahmen für eine Reform bildeten später die Kennzeichen der Montessori-Pädagogik, auf die teilweise noch näher eingegangen wird.

Ihr Konzept hatte in seiner praktischen Ausführung durchaus Erfolg und erreichte gewöhnlich einen hohen Grad an Produktivität bei den Kindern, die danach unterrichtet wurden, denn: Kindern mit Behinderungen wurde dadurch zu bemerkenswerten geistigen Fähigkeiten verholfen. Die Reformpädagogin erkannte sowohl die Möglichkeiten als auch die Grenzen der Arbeit mit beeinträchtigten Menschen, indem sie sich ebenfalls mit „normalen" Kindern beschäftigte. So erfasste sie beispielsweise zentrale Unterschiede zwischen auffälligen und unauffälligen Kindern. Ihr faszinierender Gedanke war, dass der von ihr ausgearbeitete pädagogische Ansatz wohl auch effektiv für die Entwicklung der Kinder ohne Beeinträchtigungen sein musste, wenn er bereits bei behinderten Kindern unglaubliche Potenziale hervorgebracht hat (vgl. Winkler 2010, S. 87).

Für Montessori muss der Erzieher seine Aufgabe darin sehen, alle Kinder – egal ob mit oder ohne Beeinträchtigungen – in liebevoller Sorgfalt zu lehren und ihnen jene besondere Fürsorge zu geben, die sie beim Lernen am meisten benötigen. Dieser Aspekt ist u. a. eine Voraussetzung für den gemeinsamen Unterricht, in dem sich ihr faszinierender Gedanke weiterhin beweisen sollte.

Insgesamt weist ihr Erziehungskonzept viele Ansatzmöglichkeiten für die Verwirklichung einer gemeinsamen schulischen Erziehung von Kindern mit unterschiedlichen Entwicklungsstufen und Lernvoraussetzungen auf (Van der Wolf 2010, S. 72f.). Warum dieses Konzept als ein inklusives gilt und heute immer noch voller Überzeugung in der Montessorischen Praxis umgesetzt wird, soll im Folgenden näher beleuchtet werden.

Inklusive Ansätze in der Montessorischen Praxis

Heutzutage ist es für viele Vertreter der Montessori-Pädagogik eine Selbstverständlichkeit, Kinder mit Behinderungen in die „normale" Gesellschaft einzugliedern bzw. aufzunehmen. Es wird von ihnen als möglich und durchaus sinnvoll angesehen, heterogene soziale Gruppen bestehend aus Behinderten und Nichtbehinderten zu bilden, weil dadurch zum einen die Bedürfnisse der behinderten Kinder gewürdigt und zum anderen die Kinder ohne Behinderungen in ihrem Verhalten positiv geprägt werden. Diesbezüglich sagte Montessori einst: „Der Weg, auf dem sich die Schwachen stärken ist der gleiche, wie der, auf dem sich die Starken vervollkommnen" (Montessori, zit. bei Anderlik 2010, S. 126). Daher dienen Kinderhäuser und Montessori-Schulen mit dieser Überzeugung bis heute oftmals als Vorbild für die Gründung neuer Institutionen (vgl. ebd.). Jedoch wie äußert sich Montessoris inklusives Erziehungskonzept in der Praxis?

Zunächst einmal ist es sinnvoll, das Menschenbild der Montessori-Pädagogik zu betrachten, da es die Grundlage des Konzepts bildet und, wie bereits erwähnt wurde, eines der Charakteristika dessen ist. Für Maria Montessori war es primär von großer Bedeutung, dass man allen Menschen die Zugehörigkeit zur Gattung Mensch zugesteht. In Bezugnahme auf ihr inklusives Konzept in der Schule ist es also wichtig, dass man ein Kind als Kind anerkennt. Zweitrangig ist es dann erst pädagogisch bedeutsam, welche Beeinträchtigung dieses Individuum hat. An diesem Menschenbild richtet sich schließlich die Praxis der Montessori-Schule aus (vgl. Winkler 2010, S. 88).

Die Montessori-Heilpädagogik und die Montessori-Therapie geben Kindern wie auch Erwachsenen in bereits gebildeten Gruppen die nötige Unterstützung, um auf andere zugehen zu können, miteinander zurechtzukommen und schlussendlich auch um gemeinsam zu wachsen und stark zu werden. Damit diese Ziele erreicht werden können, werden entsprechende Vorbereitungen getroffen, welche im Folgenden aufgezeigt werden.

Bevor ein Kind in eine Montessori-Gruppe integriert werden soll, wird genau durchdacht, welche Gruppe für diesen Neuling am besten geeignet ist. Dabei wird nach den effektivsten Möglichkeiten hinsichtlich des Personals, als auch im Hinblick auf die räumlichen Gegebenheiten gesucht. So müssen beispielsweise bei einer Gruppe, in der zwei Kinder im Rollstuhl sitzen, drei erwachsene Personen anwesend sein. Ein weiteres Kriterium bei den Überlegungen, in welche Montessorigruppe ein Kind eingegliedert werden soll, lautet: „Kinder brauchen Vorbilder und müssen selbst auch in der Lage sein, einem anderen etwas „geben" zu können" (Anderlik 2010, S.130). Deshalb braucht zum Beispiel ein Kind, das in seiner Motorik verlangsamt ist, noch ein weiteres Kind in seiner Gruppe, welches ebenfalls motorisch langsamer ist, damit es sich wohlfühlen kann. Daneben braucht dieses Kind aber ebenfalls motorisch normal entwickelte Gruppenmitglieder, die als Vorbild dienen können, denn diesen will das motorisch verlangsamte Kind nacheifern.

Bezüglich der Arbeit mit dem Kind, das integriert werden soll, achten die PädagogInnen auf die Bereitstellung eines geschützten Rahmens, innerhalb dessen das Montessori-Material dargeboten wird. Das bedeutet, dass hier keine Ablenkung durch Andere stattfinden soll und die volle Aufmerksamkeit der Bezugsperson gewährleistet wird. Die sogenannte Einzelsituation zwischen dem Neuling und einer fachlichen Bezugsperson hilft zudem, besser auf spezielle Schwierigkeiten, Erfahrungen, Ängste und pädagogische Bedürfnisse eingehen zu können. Ferner werden Arbeitsmenge und Schwierigkeitsgrad der Aufgaben auf das Vermögen des jeweiligen Kindes abgestimmt. Durch diese geschaffenen Voraussetzungen nehmen beeinträchtigte Kinder innerhalb des geschützten Rahmens wahr, dass sie die Aufgaben lösen können, und gehen somit voller Selbstsicherheit in ihre Gruppe.

Die Gruppen werden möglichst klein gehalten. Idealerweise bestehen sie aus sechs Kindern und zwei Erwachsenen. Dort herrschen gewisse Regeln, die in der Gruppe eingeübt werden. Zudem soll jedes Kind innerhalb der Gruppe seiner eigenen Arbeit nachgehen. Kontakt zu den anderen Schülern zu haben ist zwar auch wichtig, aber man beschäftigt sich hauptsächlich mit seiner eigenen Arbeit. Dabei gilt das Prinzip: Das Montessori-Material soll zur freien Arbeit auffordern, d. h. dass das Kind die Freiheit hat, das Angebot anzunehmen oder eben nicht.

Ein weiterer wichtiger Aspekt in der Montessorischen Praxis ist die Zusammenarbeit mit der Bezugsperson des Kindes. Meistens stellt diese die Mutter für das Kind dar. Sie kennt ihr Kind am besten. Deshalb tauschen Lehrkräfte und die Bezugsperson regelmäßig ihre Erfahrungen, die sie mit dem Kind machen, aus. So werden zum Beispiel auch gemeinsame Lösungen gesucht, wenn Probleme aufkommen. Diese gute Zusammenarbeit zwischen Mutter und Fachkräften bringt generell viele Vorteile mit sich, weil sich diejenige Person stärker in das Schulgeschehen mit einschaltet, die das Kind am längsten und besten kennt.

Zu den Vorbereitungen der Integration eines Kindes mit irgendeiner Art von Beeinträchtigung gehört es zudem, die bereits bestehende Gruppen, wie auch deren Eltern auf die Ankunft des Neulings vorzubereiten. Das ist dringend notwendig, da man in den meisten Fällen andere Menschen aus Unkenntnis über deren Situation verletzt. Durch eine Aufklärung der Kinder im Vorfeld über bestimmte Beeinträchtigungen bzw. Behinderungen können von Anfang an Missverständnisse weitgehend vermieden werden. Umso jünger die Kinder sind, desto stärker muss eine genaue Vorstellung davon erarbeitet werden. Wenn ein Kind neu in eine bestehende Gruppe aufgenommen wird, das beispielsweise in seinem Sehvermögen stark eingeschränkt ist, so wird einige Tage zuvor in einem Stuhlkreis gemeinsam erarbeitet, was man über diese Art von Behinderung weiß. Anschließend können die Schüler durch Verbinden der Augen mit einer Augenbinde ausprobieren, wie man sich mit einer Sehbehinderung fühlt, welche Problematiken im Alltag damit auftreten und auf welche Hilfe man dadurch angewiesen ist.

Schlussendlich ist noch ein letzter Aspekt bei der Vorbereitung sehr wichtig: je nach Bedarf müssen eventuell die Materialen, mit denen gearbeitet werden soll, angepasst werden. Auch kann es sein, dass die Vorbereitete Umgebung oder die Darbietung und Zielsetzung der Arbeit mit einem bestimmten Material verändert werden müssen.

Die Vorbereitete Umgebung spielt eine wichtige Rolle für das Arbeiten der Schüler, denn: „In der Vorbereiteten Umgebung sollen *alle* Kinder weitestgehend selbstständig und selbstverantwortlich arbeiten, in ihrem eigenen Tempo lernen, Interessen auf- und ausbauen, ihre Zeit sinnvoll gestalten" (Anderlik 2010, S. 135). Diese inszenierte Umgebung wird nach den

Montessorischen Richtlinien ausgerichtet, jedoch benötigt man daneben auch bestimmte Kenntnisse über Menschen mit besonderen Bedürfnissen und muss diese daran anpassen, um das Ziel der Vorbereiteten Umgebung erfüllbar machen zu können. So braucht zum Beispiel ein sehbehindertes Kind eine ganz andere Raumausstattung als ein hörgeschädigtes. Nicht viel anders gestaltet es sich mit den typischen Montessori-Materialien. Auch sie müssen gegebenenfalls an das jeweilige Kind mit besonderen Bedürfnissen angepasst werden. Damit können ständige Frustrationen bei diesem Kind vermieden werden und es kann sich schließlich mehr Selbstsicherheit aufbauen (vgl. Anderlik 2010, S. 129-136).

Nun stellt sich jedoch die Frage, ob und inwiefern dieses Konzept eine schulische Inklusion, wie sie in Art. 24 der BRK gefordert wird, verwirklicht, ob es eventuelle Nachteile mit sich bringt und ob es letztendlich als Vorbild für Deutschland hinsichtlich des weiteren Ausbaus eines inklusiven Bildungssystems dienen kann. Dieser Ausbau ist bekanntlich dringend notwendig. Zum einen auf Grund der Verpflichtung zur Gewährleistung eines solchen Bildungssystems in Art. 24, zum anderen weil die deutsche Inklusionsquote im internationalen Vergleich sehr niedrig ist. 2010 lag laut einer Studie im Namen der Bertelsmann Stiftung der Inklusionsanteil in den Kindertageseinrichtungen bei 60%, im schulischen Bereich sinkt dieser enorm auf rund 34% in der Grundschule und auf nur noch 15% in der Sekundarstufe I. Demnach wird der Großteil der Kinder mit sonderpädagogischem Bedarf in Deutschland immer noch in extra eingerichteten Förderschulen unterrichtet (Klemm 2010, S. 4).

Erweiterter Schlussteil

Das inklusive Konzept der Montessori-Schule enthält meiner Meinung nach nahezu alle Aspekte, die eine schulische Inklusion enthalten sollte. Kinder werden nicht in Behinderte und Nichtbehinderte gruppiert, sondern lernen zusammen in einer Gruppe miteinander auszukommen und zusammenzuwachsen. Das hängt sicherlich auch mit dem Menschenbild der Montessori-Pädagogik zusammen, das keine Segregation von Behinderten und Nichtbehinderten zulässt, sondern alle Kinder als gleichwertige und gleichberechtigte Individuen ansieht. Auch erfüllt dieser inklusive Ansatz alle Forderungen aus Art. 24 der BRK, die bereits ausgeführt wurden. In der Montessori-Schule wird gewährleistet, dass sich durch Aufklärung der Kinder ohne Beeinträchtigungen niemand mit Behinderungen ausgeschlossen fühlen muss. Ferner wird auf die individuellen Bedürfnisse von behinderten Kindern eingegangen, das Umfeld wird daran angepasst und diese Kinder erhalten die notwendige Unterstützung – alleine schon indem man mindestens zwei Erwachsene für sechs Kinder in einer Gruppe einstellt. Auch die weiteren Aspekte in Art. 24, nämlich dass eine gleichberechtigte Teilhabe an Bildung für alle Menschen gewährleistet werden muss, Gleichberechtigung den Klassenraum füllen und Diskriminierung dort nicht aufkommen soll, werden bei diesem inklusiven Konzept erfüllt. Aus diesen Gründen ist das Montessori-Konzept in meinen Augen ein solches, das als Vorbild für den Ausbau eines staatlichen inklusiven Systems in Deutschland angesehen werden kann.

Sicherlich sind nicht all diese Kennzeichen des Montessori-Ansatzes in den Regelschulen so umsetzbar, bedenkt man beispielweise, dass hier bestimmtes Material als Gegenstand des Unterrichts verwendet wird.

Ferner ist das deutsche Bildungssystem meines Erachtens viel zu sehr auf den Bildungserfolg und auf eine spätere berufliche Karriere ausgerichtet, sodass bestimmt viele Politiker und Eltern nichtbehinderter Kinder gegen einige Elemente des Unterrichts wären, wie es in der Montessori-Schule der Fall ist. Bildung steht heutzutage ganz groß geschrieben. Deshalb setzen sich viele Eltern für die bestmögliche Bildung ihrer Kinder ein und diese sehen die meisten unter ihnen nicht durch das Montessorische Prinzip der „freien Arbeit" als erreichbar an, da es oft den Eindruck erweckt, die Kinder dürften dort allzu viel selbst entscheiden was das Lernen betrifft. Ganz nach dem Motto: „Lernen ohne Leistungsdruck? – das geht doch gar nicht!" lehnen in meinen Augen viele Eltern das Montessori-System ab. Der staatliche Lehrplan gilt nämlich auch für Montessori-Schulen, jedoch wird dieser individuell – beispielsweise in den vier Jahren Grundschule – abgestimmt an die Entwicklung des jeweiligen Kindes. Das hemmt den Leistungsdruck und macht es möglich, dass auch beeinträchtigte Schüler keine großen Misserfolge ernten müssen, nur weil sie mit den anderen Kindern nicht mithalten können. Ich fände es sinnvoll dies auch im Regelschulsystem umzusetzen, zumindest in der Grundschule, da man so den Inklusionsanteil wahrscheinlich steigern könnte. Die Kinder würden von klein auf lernen, mit behinderten Menschen gut umzugehen, ihnen richtig zu helfen und sie dennoch als gleichwertige Mitschüler anzusehen, wenn man sie – wie in der Montessori-Pädagogik auch – darauf vorbereitet. Die kleinsten unserer Gesellschaft könnten somit einen guten Grundstein für ein integratives und inklusives Miteinander legen.

Aber auch die intensive Zusammenarbeit zwischen den Lehrkräften und der Bezugsperson eines behinderten Kindes finde ich sehr vorbildlich und wichtig. Es wird sich generell viel Zeit in einer Montessori-Schule genommen, um eine erfolgreiche Inklusion erreichen zu können. Inwieweit das bisher in den einzelnen Klassen der Regelschulen mit behinderten Kindern getan wird, kann ich persönlich nicht beurteilen, jedoch ist es ein Aspekt, der in meinen Augen sehr ausschlaggebend und essentiell für eine erfolgreiche, schulische Inklusion ist.

Einen enormen Nachteil sehe ich jedoch darin, dass Montessori-Schulen keine staatlichen Regelschulen sind, sondern jene, die durch Schulgeld privat finanziert werden müssen. Somit kann leicht eine Segregation zwischen einkommensschwächeren Familien und jenen, die es sich leisten können, ihrem behinderten Kind die erwünschte Förderung in einer Montessori-Schule zu ermöglichen, entstehen. Zwar werden auch hier finanzielle Unterstützungen getätigt, aber wenn Menschen mit Behinderungen ein Recht auf Bildung zusteht wie auch allen anderen Menschen ohne Beeinträchtigungen, die eine Regelschule ohne Schulgeld besuchen können, so muss meiner Meinung nach auch für diese Menschen eine möglichst kostenfreie Alternative außerhalb einer Privatschule geboten werden. Das ist, wie ich finde, ein weiterer Grund dafür, das inklusive, staatliche Bildungssystem in Deutschland weiter ausbauen zu müssen.

Literaturverzeichnis

Verwendete Bücher

Anderlik, Lore: Miteinander wachsen, lernen, leben. Ist das im Kinderhaus und in der Montessori-Schule möglich? Wenn nicht hier – wo denn sonst? In: Stein, Anne-Dore/ Krach, Stefanie/ Niediek, Imke (Hrsg.): Integration und Inklusion auf dem Weg ins Gemeinwesen. Möglichkeitsräume und Perspektiven. Bad Heilbrunn: 2010. S. 126-141

Eckert, Ela/ Waldschmidt, Ingeborg: Vorwort. In: Eckert, Ela/ Waldschmidt, Ingeborg (Hrsg.): Inklusion: Menschen mit besonderen Bedürfnissen und Montessori-Pädagogik. Berlin: 2010. S. 8-10

Feuser, Georg: Integration und Inklusion als Möglichkeitsräume. In: Stein, Anne-Dore/ Krach, Stefanie/ Niediek, Imke (Hrsg.): Integration und Inklusion auf dem Weg ins Gemeinwesen. Möglichkeitsräume und Perspektiven. Bad Heilbrunn: 2010. S. 17-31

Stein, Anne-Dore/ Krach, Stefanie/ Niediek, Imke: Vorwort und Einführung in den Tagungsband. In: Stein, Anne-Dore/ Krach, Stefanie/ Niediek, Imke (Hrsg.): Integration und Inklusion auf dem Weg ins Gemeinwesen. Möglichkeitsräume und Perspektiven. Bad Heilbrunn: 2010. S. 7-16

Van der Wolf, Kees: Kinder mit besonderen Bedürfnissen und Inklusion in der Montessori-Pädagogik. Ideen und Hintergründe in sich wandelnden Kontexten. In: Stein, Anne-Dore/ Krach, Stefanie/ Niediek, Imke (Hrsg.): Integration und Inklusion auf dem Weg ins Gemeinwesen. Möglichkeitsräume und Perspektiven. Bad Heilbrunn: 2010. S. 72-83

Winkler, Axel: Menschen mit besonderen Bedürfnissen. Prinzipien und Perspektiven der Montessori-Pädagogik. In: Stein, Anne-Dore/ Krach, Stefanie/ Niediek, Imke (Hrsg.): Integration und Inklusion auf dem Weg ins Gemeinwesen. Möglichkeitsräume und Perspektiven. Bad Heilbrunn: 2010. S.

Verwendete Zeitschriftenartikel

Sander, Alfred (2008): Inklusion macht Schule. Ein langer Weg zu einem humaneren Bildungswesen. In: Sonderpädagogische Förderung. 53. Jg. (2008). Heft 4. S. 342-353

Verwendete Internetquellen

Hüppe, Hubert (2010): Die UN-Behindertenrechtskonvention. Übereinkommen über die Rechte von Menschen mit Behinderungen. als Online-Dokument verfügbar über: http://www.behindertenbeauftragter.de/SharedDocs/Publikationen/DE/Broschuere_U NKonvention_KK.pdf?_blob=publicationFile. (Stand: 22.09.2012)

Klemm, Klaus (2010): Gemeinsam lernen. Inklusion leben. Status Quo und Herausforderungen inklusiver Bildung in Deutschland. als Online-Dokument verfügbar über: http://www.bertelsmann-stiftung.de/bst/de/media/xcms_bst_dms_32811_32812_2.pdf. (Stand: 26.09.2012)

UNESCO (1994): Die Salamanca Erklärung und der Aktionsrahmen zur Pädagogik für besondere Bedürfnisse. angenommen von der Weltkonferenz "Pädagogik für besondere Bedürfnisse: Zugang und Qualität". als Online-Dokument verfügbar über: http://www.unesco.at/bildung/basisdokumente/salamanca_erklaerung.pdf . (Stand: 22.09.2012)

Sylvia Wilbrink (2010): Ästhetische Erfahrungsbildung als Chance im Inklusionsprozess an Grundschulen

Einleitung

Weltweit wird über die Verwirklichung von Partizipation aller Bürger an den kulturellen, sozialen und materiellen Gütern einer Gesellschaft nachgedacht. Die folgende Arbeit beschäftigt sich, auf Grundlage des *Integralen Ansatzes* (Feuser 1995, 173), mit der Inklusionsdebatte im deutschen Bildungssystem. Strukturelle Bedingungen werden aufgezeigt, vorrangig bezogen auf NRW. Georg Feuser beschreibt den Menschen als „Integrum", eine integrierte Einheit von „Biologischem, Psychischem und Sozialem" (ebd.). Der integralen Sichtweise liegt ein ganzheitliches Menschenbild zugrunde. Sie reduziert den Menschen nicht auf seine Leistungs- und Produktionsfähigkeit und schafft somit eine neue Qualität von Gesellschaft, in der jeder Mensch als ein Individuum mit eigenen Bedürfnissen und Ressourcen wahrgenommen wird. Diese Sichtweise erübrigt die Notwendigkeit von Integrationsmodellen, da eine solche Gesellschaft ohne Selektion oder Integration auskommt. Jeder Mensch ist vollwertig und gleichberechtigt und hat ein Recht auf Selbstbestimmung und Teilhabe, im gesellschaftlichen, schulischen, beruflichen und privaten Kontext. Anhand folgender Grafik soll verdeutlicht werden, dass Deutschland von dieser Vorstellung jedoch noch weit entfernt ist. Aus dem Blickwinkel historischer Behindertenpädagogik unterscheiden wir international fünf Entwicklungsstufen (vgl. Sander 2004, 243).

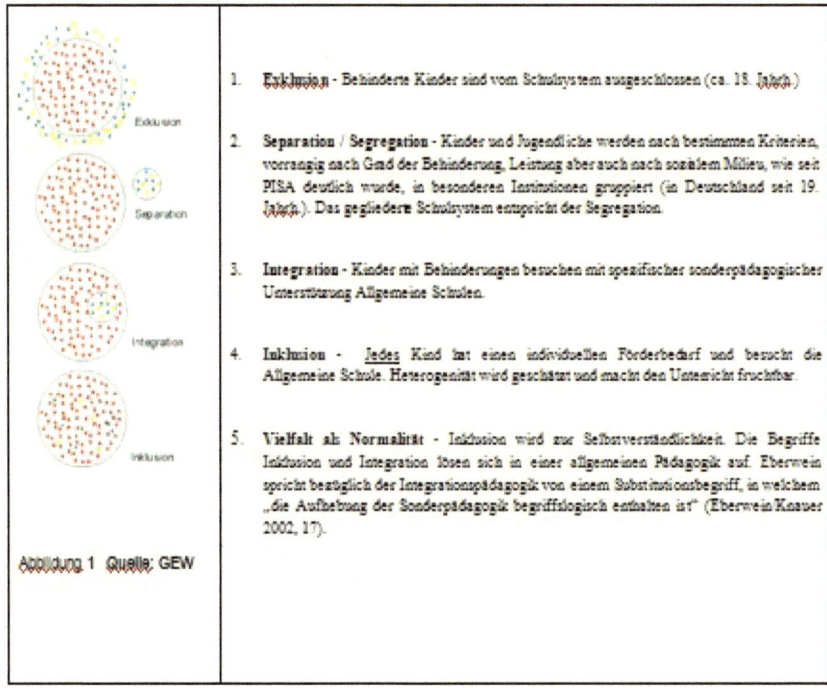

Abbildung 1 Quelle: GEW

Es stellt sich nun die Frage, auf welcher Stufe steht Deutschland im Jahre 2010? Laut Kultusministerkonferenz (KMK 2008, XIII) lassen sich für das Schuljahr 2006 folgende Daten erheben: Von insgesamt 484.300 SchülerInnen mit besonderem Förderbedarf wurden 76.300 SchülerInnen in allgemeinen Schulen integrativ unterrichtet. Dabei wurde jegliche Form von Integration gezählt, auch die Einzelintegration, eventuell ohne zusätzliche personale Ressource, und ebenso die Errichtung von Sonderklassen in einer Regelschule. Das entspricht einem Landesdurchschnitt von 15,7 %. Dieser hat im Vergleich zum Jahre 2003, mit einem Durchschnitt von 12,8 %, leicht zugenommen. Die Zahlen für das Schuljahr 2007/2008 (KMK 2009) sind ebenso leicht angestiegen. Von insgesamt 485.088 wurden 84.689 SchülerInnen integrativ unterrichtet. Das entspricht einem prozentualen Anteil von 17,5 %. Diese Statistik macht deutlich, dass wir uns auch heute noch überwiegend auf der Stufe der Separation befinden, trotz der gemeinsamen Erklärungen der Länder vom 06.05.1994 auf der UNESCO Weltkonferenz in Salamanca, dass Regelschulen mit einer integrativen Orientierung das beste Mittel sind, um diskriminierende Haltungen zu bekämpfen und eine Bildung für Alle zu erreichen. Im Vergleich zu anderen europäischen Ländern erfolgt in Deutschland die Zunahme der SchülerInnenzahlen durch integrativen Unterricht eher langsam. Die schulische Integrationsquote lag bereits vor ca. 10 Jahren, z. B. in Norwegen und Italien bei 100 %, in Portugal bei 70 %, in Spanien bei 50 %, in Schweden, Dänemark, und Großbritannien bei 30 % (Eberwein/Knauer 2002, 13). Zur Relativierung dieser Ergebnisse ist zu erwähnen, dass die Qualität der schulischen Integration bei solchen Datenerhebungen nicht berücksichtigt wird.

Alfred Sander beschreibt die inklusive Schule als orientierendes Richtziel für das gesamte Bildungswesen und nicht nur für die Behindertenpädagogik. Er sieht in der Individualisierung eine Chance, die Erziehungs- und Bildungssituation von allen Kindern und Jugendlichen zu verbessern. Er macht deutlich, dass Pädagogik neben den kurzfristig erreichbaren auch mittel- und langfristige Ziele im Inklusionsprozess benötigt, um die Entwicklungsstufe 6, Vielfalt als Normalität, zu erreichen (vgl. Sander 2004, 243). Der Index für Inklusion ist ein konkretes Instrument zur Überprüfung der Qualitätsfrage des inter-nationalen Ansatzes der Inklusion an Schulen. In den USA und Australien gab es bereits in den 80er Jahren Versuche, über einen Index die integrative Qualität der Situation eines Kindes zu dokumentieren. Auf dieser Grundidee basierend wurde in Großbritannien, in Zusammenarbeit mit Wissenschaftlern, Eltern, SchulleiterInnen und LehrerInnen, der *Index for Inclusion* entwickelt, der sich nicht mehr auf die Ebene des einzelnen Kindes bezieht, sondern den Blick auf die gesamte Schulentwicklung richtet (Boban/Hinz 2004, 13). Bildung ist in unserem föderalen System Ländersache. In NRW gibt es unterschiedliche Ansätze zur Umsetzung der inklusiven Bildung. Das Pilotprojekt *Ausbau von Förderschulen zu Kompetenzzentren* wird in diesem Kapitel kritisch durchleuchtet.

Im weiteren Verlauf meiner Arbeit beschäftige ich mich mit Schlüsselkompetenzen, Bildungsstandards und der neuen Kompetenzorientierung an Grundschulen. Ich betrachte es als Aufgabe aller, sich mit Bildung befassender Menschen, Kindern und Jugendlichen zu ermöglichen, Schlüsselkompetenzen zu erwerben, um den Anforderungen eines eigenständigen und selbstbestimmten Lebens nachkommen zu können. Dies wirft vor allen Dingen Fragen danach auf, welches Bildungsverständnis zugrunde gelegt wurde, um Standards festzulegen und wie es in diesem Rahmen möglich ist, inklusive Strukturen zu etablieren.

Das dritte Kapitel behandelt die Bedeutung von Wahrnehmungsförderung für kindliche Lernprozesse. Dabei steht die ästhetische Erfahrungsbildung, als Basis für das gemeinsame Lernen und Leben in der inklusiven Grundschule, im Vordergrund. Das kindliche System ist ein weiterer Faktor, der die Entwicklung eines Kindes maßgeblich beeinflusst. Uri Bronfenbrenner beschreibt die Entwicklung von Menschen in ökologischen Systemen und betont, dass die Einflussfaktoren des kindlichen Ökosystems die entsprechenden Voraussetzungen für die kindliche Entwicklung schaffen. In beiden Ansätzen sind die Grundlagen für das Konzipieren einer neuen Didaktik enthalten, welche die Heterogenität im gemeinsamen Unterricht berücksichtigt. LehrerInnen sowie Sonder- und HeilpädagogInnen sind durch den Wandlungsprozess im Sonderschulwesen verunsichert. Sie sind jedoch die ausführenden Organe eines neuen Bildungssystems und brauchen neben der integralen Sichtweise auch entsprechende Methodenkompetenzen. Inklusive Bildung impliziert unter anderem neue Unterrichtspraktiken, ohne Kinder zu separieren. Die Klasse lernt nicht mehr im Gleichschritt, sondern zieldifferent. Darauf baut das letzte Kapitel auf, welches zum Ziel hat, die theoretischen Überlegungen zu einer inklusiven Schulkultur in die Praxis umzusetzen. Methodische Vorschläge bauen dabei auf ministerialen Vorgaben auf, die jedoch durch das Konzept der ästhetischen Erfahrungsbildung in einer altersgemischten, inklusiven Klasse erweitert werden. Eine große Chance, die Qualität des inklusiven Unterrichtes zu steigern, kann darin gesehen werden, KindheitspädagogInnen mit dem Schwerpunkt *Entwicklungsbegleitung von Kindern mit besonderem Förderbedarf* in die Bedarfsplanung von Fachpersonal einzubeziehen. Sie sind vor allem ExpertInnen in der Gestaltung von elementaren Bildungsprozessen, die sich in der Grundschule gewissermaßen erst wieder fest etablieren müssen.

Inklusive Bildung

Vor ca. 30 Jahren begann in Deutschland die Integrationsentwicklung. Diese bezog sich auf die Eingliederung aller Menschen, solcher mit Migrationshintergrund, solcher mit Behinderung und auf Menschen aus gesellschaftlichen Randgruppen. Vielfalt als Chance zu betrachten und ein gemeinsames Leben und Lernen aller Menschen zur Normalität zu erklären, setzt einen grundsätzlichen politischen Willen voraus. Gleichzeitig werden gesellschaftliche Veränderungsprozesse in Gang gesetzt, die entsprechende Denk-, Lebens- und Handlungsweisen aller Menschen beeinflussen können. Demokratische Bestrebungen, Grundrechte für alle Mitglieder einer Gesellschaft umzusetzen, lassen die Aussicht zu, dass durch die gesetzliche Absicherung in Zukunft auch Menschen mit Beeinträchtigungen gleichwertig und gleichberechtigt am gesellschaftlichen Leben teilhaben können. Dazu gehören beispielsweise das Diskriminierungsverbot Art. 3 GG, von 1994, das von der Bundesregierung erlassene Gleichstellungsgesetz von 2002 sowie das neue Sozialgesetzbuch IX aus dem Jahre 2001. Die Integrationspädagogik stellt eine wichtige Teildisziplin in diesem gesellschaftlichen Veränderungsprozess dar und befindet sich derzeitig im Umbruch. Dies wird unter anderem deutlich dadurch, dass Begrifflichkeiten wie Integration und Inklusion in der wissenschaftlichen Auseinandersetzung neu diskutiert werden und ihnen vor allem im Bereich der Bildung unterschiedliche Bedeutungen zugeschrieben werden.

Menschenrecht auf inklusive Bildung

Integration und Inklusion ist ein verfassungsmäßig garantiertes Menschenrecht. Es wurde 1948 in der *Allgemeinen Erklärung der Menschenrechte* mit dem *Recht eines jeden Menschen auf Bildung* verankert und 1990 auf der Weltkonferenz mit dem Versprechen bekräftigt, dass dieses Recht unabhängig von individuellen Unterschieden zu sichern ist. 1994 hat die UNESCO-Weltkonferenz "Pädagogik für besondere Bedürfnisse: Zugang und Qualität" (Special Needs Education: Access and Quality) in Salamanca alle Länder der Welt aufgerufen, das Prinzip der integrativen Pädagogik anzuerkennen. Es wurde eine Erklärung verfasst, die durch Abstimmung am 10. Juni 1994 angenommen wurde. Diese Konferenz stellte den Inklusionsbegriff in den Mittelpunkt. Es wurde, in englischer Version, von inklusiver Schule und inklusiver Bildung gesprochen, ohne den Begriff genau zu definieren (vgl. Sander 2004, 240). In der deutschen Übersetzung (herausgegeben durch die österreichische UNESCO-Kommission) ersetzte man die Begriffe *inclusive* und *Inclusion* durchgängig durch *integrativ* und *Integration* (Erklärung von Salamanca im Anhang). Die Vereinten Nationen trafen 2006 ein erneutes Übereinkommen über die Rechte von Menschen mit Behinderung.

UN-Behindertenkonvention Artikel 24 – Bildung:

(1) Die Vertragsstaaten anerkennen das Recht von Menschen mit Behinderungen auf Bildung. Um dieses Recht ohne Diskriminierung und auf der Grundlage der Chancengleichheit zu verwirklichen, gewährleisten die Vertragsstaaten ein integratives Bildungssystem auf allen Ebenen und lebenslanges Lernen mit dem Ziel, (...)

(2) Bei der Verwirklichung dieses Rechts stellen die Vertragsstaaten sicher, dass a) Menschen mit Behinderungen nicht aufgrund von Behinderung vom allgemeinen Bildungssystem ausgeschlossen werden und dass Kinder mit Behinderungen nicht aufgrund von Behinderung vom unentgeltlichen und obligatorischen Grundschulunterricht oder vom Besuch weiterführender Schulen ausgeschlossen werden; (...) (Bundesgesetzblatt 2008, 1436-1437).

Durch die gegebene Rechtslage ist nun immer häufiger zu erwarten, dass Eltern notfalls ihr Recht auf integrative Erziehung und gemeinsamen Unterricht (GU) gerichtlich einfordern werden. In einigen Schulgesetzen ist jedoch der Zusatz zu finden, dass eine Finanzierbarkeit der Umsetzung gegeben sein muss. In Zeiten finanzieller Knappheit der Kommunen und Länder wird es folglich schwer sein, das Recht auf gemeinsamen Unterricht durchzusetzen.

Begriffsklärung Integration & Inklusion in der Pädagogik

In der fachlichen Auseinandersetzung werden die Begriffe *Integration* und *Inklusion* unterschiedlich angewendet. Ralph Fleischhauer (Schulministerium NRW) bezeichnet *Integration* als ***Prozess***, als Assimilation des Individuums, welches sich an bestehende Schulstrukturen mit sonderpädagogischer Unterstützung anzupassen hat und *Inklusion* als ***Prinzip***, als Anpassung des Systems im Umgang mit Heterogenität (Gew. Fachtagung 2009). Eine wichtige Unterscheidung von *Integration* und *Inklusion* besteht darin, dass sich *Inklusion* gegen eine Zwei-Gruppen-Kategorisierung wendet, wie Behinderte und Nicht-Behinderte, Ausländer und Deutsche, Heterosexuelle und Homosexuelle, etc.. Eine Diskussion aus diesem Blickwinkel betrachtet, macht es möglich zu erkennen, welche Grundhaltung und welches pädagogisch-didaktische Konzept hinter der angewandten Begrifflichkeit stehen. Alfred Sander unterscheidet drei Formen von *Inklusion* (vgl. Sander 2004, 240).

Inklusion 1 meint den reinen Austausch des traditionellen Begriffes *Integration* durch *Inklusion*, also die Gleichsetzung, ohne die inhaltlichen Unterschiede der aktuellen Reformgedanken im Bildungssystem zu berücksichtigen. Kinder mit Behinderungen und Beeinträchtigungen werden in Sonderinstitutionen gefördert.

Inklusion 2 bezieht sich auf Konzepte und Modelle, in denen Kinder mit und ohne Behinderung eine gemeinsame Schule besuchen. Ziel dieser Modellprojekte ist die landesweite Anwendung, die Dissemination nach Vollendung der Erprobungs- und Überarbeitungsphase. Diese Form der *Inklusion* birgt die Gefahr, dass sie auch von Uninteressierten oder Gegnern der Reform gelebt werden muss und somit häufige Fehlformen auftreten können, z. B. wenn die sonderpädagogische Förderung eng auf das behinderte Kind ausgerichtet bleibt und nicht auf die gesamte Klasse übertragen wird. Letztendlich meint jedoch *Inklusion 2 „die von allen Fehlformen bereinigte Integration behinderter Kinder"* (ebd.).

Inklusion 3 bezieht sich auf <u>alle</u> Kinder, da alle Kinder einen individuellen Förderbedarf haben, auch die ohne Behinderung und beispielsweise auch die hochbegabten. *Inklusion 3* ist die *„optimierte und umfassend erweiterte*

Integration" (ebd.). Ihr Ziel ist es, den Unterricht und das Klassenleben zu verändern. Die Heterogenität wird zur Ausgangslage und Zielvorstellung pädagogischen Handelns.

Alexander Hinz und Alfred Sander (vgl. Heimlich 2007, 60) machten das Konzept der *Inklusion* im bundesdeutschen Sprachraum bekannt. Hinz unterscheidet zwischen *integrativen* und *inklusiven* Maßnahmen folgendermaßen (vgl. ebd., 62):

Integrative Maßnahmen setzen voraus, dass bei Kindern und Jugendlichen ein Förderbedarf oder eine Behinderung diagnostiziert sein muss, um daraus entsprechende Fördermaßnahmen entwickeln zu können. Dieses Modell orientiert sich an Defiziten mit dem Hintergrund, eine spezielle Förderung durch heil- und sonderpädagogische Unterstützung zu initiieren, die sich in diesem Falle auf der institutionellen Ebene bewegt.

Inklusive Maßnahmen setzen einen Paradigmenwechsel voraus, eine Grundhaltung, die von dem Gedanken ausgeht, auf eine Ausdifferenzierung von unterschiedlichen Gruppen von Kindern und Jugendlichen zu verzichten. Unterstützende Maßnahmen finden sich im System der Kinder wieder. Sonder- und HeilpädagogInnen sind in den jetzigen (Regel-) Schulen angesiedelt und die Aufsplitterung der Zuständigkeiten zwischen ihnen und den LehrerInnen entwickelt sich zu einer gemeinsamen Zuständigkeit. Allen Kindern stehen somit die entsprechenden Ressourcen pauschal zur Verfügung, nicht nur den diagnostizierten mit besonderem Förderbedarf. Es wird von dem Grundgedanken ausgegangen, dass jedes Kind einen individuellen Bedarf hat und diesem wird in individuellen Curricula entsprochen.

Trotz dieser immer üblicher werdenden Unterscheidung der Begrifflichkeiten darf nicht vergessen werden, dass viele IntegrationspädagogInnen weiterhin von Integration sprechen. Feuser stellt die Frage: *„Warum attribuiert man den Integrationsbegriff mit falsch verstandener, nicht gelungener oder fehl entwickelter Integration und wertet ihn dadurch ab, unterstellt ihm kontraproduktiv-segregierende Wirkung (...)?"* (Feuser 2006, 29-30). Hans Eberwein und Sabine Knauer beschreiben beispielsweise die integrative Beschulung als gemeinsames Lernen in der allgemeinen Schule und sehen die Existenz der Sonderschulen wissenschaftstheoretisch, pädagogisch und politisch nicht mehr gerechtfertigt, denn „*soziale Integration kann nicht durch schulische Separation bewerkstelligt werden*" (Eberwein/Knauer 2002, 27). Sie fordern, „*den Behinderungsbegriff, die Sonderpädagogisierung von Lernproblemen aufzugeben und pädagogisches Handeln auf das gemeinsame Lernen, die Förderung der Entwicklung, Identität und Autonomie aller Kinder zu richten*" (ebd., 26). Hier wird deutlich, dass nicht die Begriffe *Inklusion* oder *Integration* für eine bestimmte Pädagogik oder Sichtweise stehen, sondern die Haltung und die entsprechende Umsetzung. Der Klarheit und Verständlichkeit wegen, wird im weiteren Verlauf der Arbeit von mir vorrangig der Begriff *Inklusion* im Sinne von *Inklusion 3* nach Alfred Sander benutzt.

Konsequenzen für das deutsche Schulsystem

Die Fachliteratur der angelsächsischen Länder beschäftigt sich schon seit mehr als 20 Jahren mit dem Inklusionsgedanken. Vor allem in Großbritan-nien, den USA und Kanada wird die Effektivitätssteigerung des gesamten Schulsystems als zentrales Argument für die gemeinsame Beschulung von Kindern mit und ohne Behinderung benutzt (vgl. Biewer 2005, 101). Gleichzeitig wird integrative Beschulung auf der ethischen Ebene mit dem Grundrecht auf Teilhabe an der Gemeinschaft begründet. Dies impliziert die Annahme, dass jegliche Form von Segregation durch Sondererziehung diesem Recht entgegenläuft. In der Konsequenz würde dies die Aufhebung aller sonderpädagogischen Institutionen bedeuten. „*Die Herausbildung von pädagogischen Subsystemen wie Sonderpädagogik und weiterer Parasysteme wie Ambulanzpädagogik mit ihrer Tendenz zur Verselbstständigung, Abgrenzung und Eigenleben verstärken Aussonderungstendenzen und erschweren die Durchsetzung integrativer Einrichtungen*" (Eberwein/Knauer, 2002). In Deutschland hat die kritische Auseinandersetzung mit diesem Thema später begonnen. Erst in den letzten 10 Jahren wurden Forderungen nach einer Reform des deutschen Bildungssystems deutlich formuliert, nicht zuletzt durch die im internationalen Vergleich erzielten schlechten Ergebnisse der Lernstandserhebungen und der PISA-Studien. Die Diskussionen über die Konsequenzen für das Bildungssystem laufen jedoch stark kontrovers. Während die Gegner von *Inklusiven Schulen* an der Segregation festhalten, beispielsweise mit der Befürchtung, dass die Qualität der Fördermaßnahmen für SchülerInnen mit sonderpädagogischem Förderbedarf sinken würde, dazu gehören in einem großen Maße auch die

SonderpädagogInnen (vgl. ebd. 18), sehen die BefürworterInnen die Tatsache als erwiesen an, dass *Eine Pädagogik für Alle* die Antwort auf die Veränderungen aktueller struktureller und politischer Voraussetzungen ist. *„Inklusion will die Veränderung bestehender gesellschaftlicher Strukturen, um der Verschiedenheit der Menschen gerecht zu werden"* (Biewer 2005, 102). Im Gegensatz zur Integrationspraxis sieht das Konzept Inklusion vor, dass sich die Institution Schule in Lehr-, Lern- und Organisationsformen umgestalten muss, anstatt die Änderung oder Heilung des jeweiligen Kindes in den Vordergrund zu stellen (ebd.). Das beinhaltet unter anderem eine grundlegende Veränderung des LehrerInnenstudiums. Da die Grenzen zwischen Grund- und Sonderschulen fließend geworden sind, ergibt sich nach Peter Heyer und Richard Meier eine spezielle Aufgabe im Überschneidungsbereich beider Schultypen. Sie sehen die Notwendigkeit gegeben, sich mit Teilaspekten des speziellen pädagogischen Wissens der jeweils anderen LehrerInnengruppe auseinander zu setzen und machen dazu konkrete Vorschläge, wie dies in einem Vier-Stufen Modell umsetzbar wäre (vgl. Heyer/Meier 2002, 450). Ziel der vierten Stufe ist die Zusammenlegung der Studiengänge zur integrationspädagogischen Ausbildung im Grundschul- und Sekundarbereich. In diesem Zusammenhang ist die von der freien Universität Berlin angestoßene Entwicklung hervorzuheben, die seit Sommersemester 2000 eine integrationspädagogische Pflichtveranstaltung für alle Lehrämter verlangt. Alle Bundesländer haben sich mit Reformen der Ausbildung von LehrerInnen in unterschiedlichen Bereichen auseinandergesetzt und entsprechende Änderungen verabschiedet. Das nächste Kapitel bezieht sich vor allem auf die Strukturänderungen in NRW.

Veränderungsprozesse auf struktureller Ebene

Lehramtsstudium NRW

Am 26. Mai 2009 trat das *Gesetz zur Reform der Lehrerausbildung* in Kraft, und entsprechend wird das Lehramtsstudium in NRW bis spätestens zum Beginn des Wintersemesters 2010/2011 umgestellt. Als Voraussetzung für die Zulassung zum Studium ist unter anderem folgender Passus zu finden: *„Der Lehrerberuf setzt die Freude an der Zusammenarbeit mit jungen Menschen voraus. Lehrerinnen und Lehrer müssen begeistern können - und sie müssen das Ziel verfolgen, mit großem Engagement zur Persönlichkeitsentwicklung ihrer Schülerinnen und Schüler beizutragen. Wer andere fördern möchte, muss*

Interesse an der Entwicklung des eigenen Fähigkeitsprofils haben. Das schließt die Bereitschaft ein, fachliche, kommunikative und soziale Kompetenzen ständig weiterzuentwickeln" (MSW des Landes NRW, 2009). Die Verantwortung für das Studium wird an die Hochschulen verlegt und das Land übernimmt nur noch die unmittelbare Verantwortung. Diese beinhaltet den Vorbereitungsdienst z. B. in Form von Zielvereinbarungen mit den einzelnen Hochschulen. Neu ist auch die Zielvorgabe: *„...Ausbildung und Fortbildung einschließlich des Berufseinstiegs orientieren sich an der Entwicklung der grundlegenden beruflichen Kompetenzen für Erziehung und Unterricht, Beurteilung, Diagnostik, Beratung, Kooperation und Schulentwicklung sowie an den wissenschaftlichen und künstlerischen Anforderungen der Fächer. Dabei ist die Befähigung zur individuellen Förderung von Schülerinnen und Schülern und zum Umgang mit Heterogenität besonders zu berücksichtigen"* (Gesetz zur Reform der Lehrerausbildung §2(2)). Deutlich wird dies auch in der Verteilung der Leistungspunkte. Insgesamt 300 Leistungspunkte sind für das Lehramt an Grund-, Haupt-, Real-, Gesamtschulen und am Gymnasium zu erreichen. Ein Leistungspunkt entspricht 30 Stunden Workload. Im Folgenden werden nur die zu erreichenden Standards erwähnt, die sich unmittelbar auf die Umsetzung des Inklusionsprozesses beziehen könnten.

- Für die Grundschule werden 64 Leistungspunkte in folgenden Bereichen benötigt: - Bildungswissenschaften/Grundschulpädagogik einschließlich Praxiselemente, Konzepte frühen Lernens und Konzepte vorschulischer Bildung, Sonderpädagogik sowie Diagnose und Förderung

- Für das Lehramt an Haupt-, Real-, Gesamtschulen ist ein Workload von 81 Leistungspunkten vorgesehen in den Bereichen Bildungswissenschaften / Entwicklung und Sozialisation im Jugendalter einschließlich Praxiselemente, Sonderpädagogik, Diagnose und Förderung, Lehramtsbezogener Profilbereich

Im Gymnasium findet der Bereich Sonderpädagogik keine Relevanz mehr. Es ist ein Workload von 41 Stunden im Bereich Bildungswissenschaften & Methoden wissenschaftlichen Arbeitens einschließlich Praxiselementen sowie Diagnose und Förderung vorgesehen.

Die Änderungen der Gesetze zur LehrerInnenausbildung sind vor allem durch den Bologna-Prozess und durch die Aufdeckung der Defizite und Mängel in ergänzenden Gutachten zur *OECD-Lehrerstudie von 2003* ausgelöst worden. Die Friedrich Ebert Stiftung beauftragte den Pädagogen Prof. Jürgen Oelkers der Universität Zürich mit der kritischen Analyse der inhaltlichen und juristischen Rahmenvorgaben für die LehrerInnenausbildung in 16 Bundesländern. Er beschreibt die bisherigen Gesetze auf reine *Inputsteuerung* abzielend, mit einem komplizierten und kleinteiligen System der Leistungsbewertung. In seiner Studie wird das Reformgesetz von NRW besonders hervorgehoben, indem er hier ein Umdenken zur *Outputorientierung* verzeichnet (vgl. Oelkers 2009, 87). Mit *Output* im Bildungsbereich sind die Ergebnisse oder der Lernertrag einer Bildungsmaßnahme gemeint.

Zusammenfassend betrachtet ist zu erkennen, dass der Reformprozess in NRW den zieldifferenten Unterricht in heterogenen Klassen zum Gegenstand der reformierten LehrerInnenausbildung macht. Außerdem wird der Bereich Sonderpädagogik Standard des Lehramtsstudiums in Grund- Haupt- und Realschule. Dies entspricht zum Teil der Forderung der IntegrationspädagogInnen nach einer integrierten LehrerInnenbildung (vgl. Heyer/Meier 2002, 454). In ganz Deutschland wird jedoch weiterhin am mehrgliedrigen Schulsystem festgehalten. *Eine Schule für Alle* ist in keinem Bundesland zu finden. Die Ausrichtung des Studiums nach unterschiedlichen Lehrämtern wird konsequent weiterhin realisiert.

Alle drei Jahre werden die Hochschulen Rechenschaft über die Auswirkungen der Reform ablegen. Die Länder haben sich verpflichtet, die LehrerInnenbildung regelmäßig auf der Grundlage der vereinbarten Standards zu evaluieren und gegebenenfalls weiter zu verändern.

(Bildungs-) Räume schaffen

„Die heute üblichen Raumstrukturen sind immer noch weitgehend vom Modell der Kaserne bestimmt und repräsentieren die alte Vermittlungsschule" (Heyer 2002, 196). Peter Heyer kritisiert, dass Fragen nach der Gestaltung der Unterrichtsräume und des Schulgeländes in den Fachdiskussionen wenig Beachtung finden. Dabei sind entsprechende Raumstrukturen für individuelle Lernprozesse der Kinder eine wichtige Voraussetzung. Die Räume müssen so gebaut und ausgestattet sein, dass Platz für tatsächliches, experimentelles,

aktives Lernen möglich wird. Den Kindern muss neben den entsprechenden Räumlichkeiten auch ausreichend Material für vielfältige Handlungsmöglichkeiten zur Verfügung gestellt werden, um ihnen zu ermöglichen, eigenes Wissen zu konstruieren und Schaffungsprozesse in Gang zu setzen. Bezüglich der ästhetischen Erfahrungsbildung sollte ein grundsätzlicher Werkstattcharakter erkennbar sein. Detaillierte Ausführungen hierzu sind im Kapitel *Räume und Material* zu finden.

Heyer fordert bei Grundschulneu- und Erweiterungsbauten, dass von Beginn an integrationspädagogische Prinzipien und spezielle behindertenspezifische Erfordernisse berücksichtigt werden (vgl. ebd., 197).

Die außerschulische Lebenswelt gestaltet sich genauso heterogen wie die Klassenzusammenstellung. Die Lebens- und Lernbedingungen der Kinder unterscheiden von daher oftmals gravierend. Ziel sollte sein, diese Unterschiede ein Stück weit auszugleichen. Eine inklusive Schule soll nicht nur Lern-, sondern auch Lebensstätte sein (vgl. ebd, 196). Kinder wie Erwachsene müssen sich gleichermaßen wohl fühlen können. Um Lebenswelt und Schule miteinander verknüpfen zu können, muss die räumliche Nähe gegeben sein sowie die Bereitschaft der Schule zur Öffnung nach außen. Hierdurch erweitern sich die Bildungsräume, da auf den Alltagserfahrungen der Kinder im Unterricht aufgebaut werden kann und die kulturellen Lernräume im eigenen Lebensfeld für alle Familien eine Relevanz finden.

Förderdiagnostik im Sinne einer Kind-Umfeld-Analyse

Die traditionelle sonderpädagogische Diagnostik ist geprägt von einer selektiven und typisierenden Ausrichtung (vgl. Mutzeck 2002, 7). Sie stellt das Kind mit seinen Normabweichungen in den Mittelpunkt und orientiert sich in der praktischen Förderung an seinen Defiziten. Diese Sichtweise des zu fördernden Kindes wird schon seit 1979 auf der *Arbeitstagung der Dozenten an sonderpädagogischen Studienstätten in deutschsprachigen Ländern* in Frage gestellt. Dabei darf jedoch nicht übersehen werden, dass dieser Diagnostikansatz, der sich seit den 50er Jahren stets auch weiterentwickelt, erst mal grundsätzlich zur Verbesserung der Situationen von Menschen mit Beeinträchtigungen geführt hat.

Die *Ständige Konferenz der Kultusminister der Bundesrepublik Deutschland* (KMK) hat in ihren *Empfehlungen zur Ordnung des Sonderschulwesens* von 1972 zur Verwirklichung des Rechtes auf Bildung für behinderte Kinder beigetragen und den Ausbau eines differenzierten Sonderschulwesens unterstützt. Als Reaktion auf veränderte Lebensbedingungen und gesellschaftliche Umbrüche und auf die Erfahrungen mit *Gemeinsamen Unterricht* empfiehlt die KMK von 1994: *„Die Bildung behinderter junger Menschen ist verstärkt als gemeinsame Aufgabe für grundsätzlich alle Schulen anzustreben. Die Sonderpädagogik versteht sich dabei immer mehr als eine notwendige Ergänzung und Schwerpunktsetzung der allgemeinen Pädagogik"* (KMK, 1994). Dieses deutliche Umdenken impliziert ein verändertes Verständnis im Umgang mit Menschen mit Behinderung. In diesem Zusammenhang wird auch davon gesprochen, die Förderdiagnostik auszuweiten. Die Ermittlung des sonderpädagogischen Förderbedarfs soll im Sinne einer Kind-Umfeld-Analyse erfasst werden, interdisziplinär und unter Mitwirkung der Eltern und all derjenigen, die an der Förderung des Betroffenen beteiligt sind (vgl. KMK, 1998). *„Die Kind-Umfeld-Analyse umfasst also möglichst alle relevanten personellen und materiellen Begebenheiten im Umfeld des Kindes"* (Sander 2002, 12). Dieser systemische Ansatz legt die Verflochtenheit der Entwicklung eines Kindes in seinen familiären, schulischen und anderen Umfeldern offen. Er ist ein fortlaufender Prozess und keine einmalige Feststellung und setzt mit der Förderplanung bei jedem Kind individuell an.

Auch wenn die Beschlüsse der KMK nur einen empfehlenden Charakter haben, hatten sie im Bezug auf das Sonderschulwesen bislang eine nachhaltige Wirkung (vgl. Bundschuh 2002, 26). 2008 beschloss die KMK die Empfehlungen fortzuschreiben und betonte, *„dass die personenbezogene, individualisierende Sichtweise sonderpädagogischer Förderung und integrativer Bildung Vorrang vor institutionsbezogener Förderung hat"* (KMK, 2010). Die Verantwortung für die Feststellung des sonderpädagogischen Förderbedarfs liegt bei Schule und Schulaufsicht. Wenn diese nicht über sonderpädagogische Kompetenzen verfügen, sollen fachkundige Berater hinzugezogen werden. Eine Kind-Umfeld-Analyse muss von einem Team aus Personen mit Einblick in das Kind-Umfeld-System durchgeführt werden (vgl. Sander 2002, 16) und kostet Zeit und entsprechende Ressourcen.

Index für Inklusion

Der *Index for Inclusion* wurde von den britischen Pädagogen Mel Ainscow und Tony Booth entwickelt und wird inzwischen international erfolgreich eingesetzt. In England bekam der *Index for Inclusion* den Untertitel: *Developing Learning and Participation in Schools*. Damit wird verdeutlicht, dass zum einen die Steigerung des Lernens und zum anderen die Teilhabe in Schulen als konkrete Ziele im Inklusionsprozess zu verfolgen sind. Alexander Hinz kritisiert für Deutschland die häufig fehlende Diskussion über inhaltliche Grundlagen der Inklusion in der methodischen Literatur. Er publiziert den *Index für Inklusion* als eine Möglichkeit zur Selbstevaluation. Der Index beschreibt eine integrations-inklusionsbezogene Schulqualität, er bezieht inhaltlich alle Dimensionen von Heterogenität ein, alle relevanten Personen und Personengruppen werden demokratisch am Inklusionsprozess beteiligt (vgl. Hinz 2004, 247). Der Index soll Schulen, die sich zu einer *Schule für Alle* entwickeln wollen, mit einem systematischen Raster von Fragen und Indikatoren eine Hilfe bieten, die eigene Entwicklung kontinuierlich zu überprüfen. Hinz schlägt ein Vorgehen in 5 Phasen vor.

Phase 1: In dieser Phase soll bei allen beteiligten Personen ein grundsätzliches Bewusstsein über den Index geweckt werden. Ein Index-Team wird gebildet, in welchem alle relevanten Gruppen vertreten sind. Es soll ein Austausch über das Konzept stattfinden, in welchem sich mit den ausdifferenzierten Indikatoren und Fragen des Index intensiv beschäftigt werden kann. Die Arbeit mit anderen Gruppen im Umfeld der Schule wird vorbereitet.

Phase 2: Es erfolgt eine Bestandsaufnahme der Schulsituation. Hier wird die Einschätzung von SchülerInnen und Eltern, MitarbeiterInnen und schulischen Gremien und dem Umfeld der Schule deutlich. Im Anschluss daran sollten die Prioritäten für die Entwicklung festgelegt werden.

Phase 3: Der Index soll in das vorhandene Schulprogramm integriert werden, das heißt, es wird kein neues Schulprogramm entwickelt, sondern er soll sinnvoll eingearbeitet werden und die Basis erweitern und *„befruchten"* (ebd. 248).

Phase 4: Festgelegte Prioritäten werden umgesetzt und Fortschritte dokumentiert.

Phase 5: Die Reflexionsphase zeigt den Fortschritt des Prozesses. Phase 5 geht dann wieder in Phase 2 über, wie ein stetiger Kreislauf, um die Schulsituation neu zu beleuchten und weitere Schritte zu veranlassen.

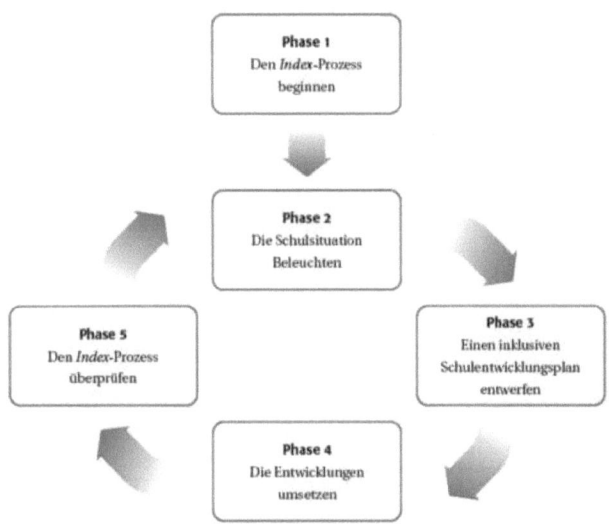

Abbildung 2 : Der Index-Prozess und der Planungskreislauf der Schulentwicklung (Boban/Hinz 2003, 19)

Grundlage für den Rahmen der Analyse bilden drei Dimensionen, die in Bezug zueinander stehen.

Dimension A: Inklusive Kulturen schaffen, beinhaltet das Bilden einer sich gegenseitig schätzenden und respektierenden Gemeinschaft in welcher inklusive Werte verankert werden. *„Eine inklusive Schulkultur wird getragen von dem gegenseitigen Vertrauen in die Entwicklungskräfte aller Beteiligter und dem Wunsch, niemanden zu beschämen"* (Boban/Hinz 2003, 15).

Dimension B: Inklusive Strukturen etablieren soll dazu beitragen, dass das

Leitbild der Inklusion in allen Bereichen gelebt wird. Dabei haben alle schulischen Aktivitäten eine wichtige Bedeutung, die dazu beitragen, den Aussonderungsdruck zu verringern und auf die Vielfalt der SchülerInnen einzugehen. Selbst die freundliche morgendliche Begrüßung aller gehört dazu.

In der *Dimension C: Inklusive Praktiken entwickeln* werden alle Beteiligten dazu angeregt, auf alle Aspekte ihrer Bildung und Erziehung Einfluss zu nehmen. Der Unterricht spiegelt die Vielfalt der SchülerInnen wieder, baut auf Alltagserlebnisse auf und bezieht den Lebensraum, die örtliche Gemeinde mit ein. Materielle Ressourcen werden durch die Öffnung mobilisiert.

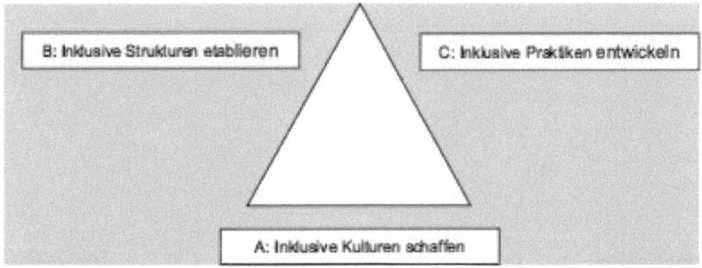

Abbildung 3: Die drei Dimensionen des Index (Boban/Hinz 2003, 15).

Der Index setzt sich mit der Qualitätsfrage in Bezug auf Schule generell auseinander. Eltern erhalten die Möglichkeit, sich in die Schulentwicklung einzumischen und Einfluss auf die Profilentwicklung zu nehmen. In einer *Schule für Alle* muss sich kein Kind oder Jugendlicher durch Mindestfähigkeiten qualifizieren, sondern jeder Mensch hat automatisch den Anspruch darauf, „*als vollwertiges Wesen anerkannt und als wertvoller Teil der Gesellschaft willkommen geheißen zu werden*" (Boban/Hinz 2004, 11). Um die Gefahr zu vermeiden, Kindern mit sonderpädagogischem und besonderem Förderbedarf Zugangsmöglichkeiten zur Bildung vorzuenthalten, sollten die allgemeinen Curricula für alle gelten und entsprechend individualisiert werden.

Die Haltung in einer solchen Schule ist geprägt dadurch, dass sie nicht mehr an einer Zwei-Gruppen-Theorie festhält, sondern Heterogenität als Normalität betrachtet. Um zu verdeutlichen, dass es nicht nur um Menschen mit

Behinderungen geht, also mit sonderpädagogischen Förderbedarf, sollen an dieser Stelle einige Dimensionen von Heterogenität erwähnt werden. In einer inklusiven Gesellschaft werden Menschen nicht mehr unterschieden nach: Erstsprachen, verschiedenen Geschlechterrollen, kulturellen Hintergründen, religiösen und weltanschaulichen Überzeugungen, sexuellen Orientierungen, Familienstrukturen, sozialen Lagen oder nach ihren Fähigkeiten und Einschränkungen.

Kompetenzzentren - Ausbau der Förderschulen

In Schleswig-Holstein wurden bereits 1985 die ersten Förderzentren errichtet und ab 1990 wurden alle Sonderschulen beauftragt, als Förderzentren die Integration in den anderen Schulformen zu unterstützen (§ 25 SchulG Schleswig-Holstein). Die Pilotphase zum Ausbau von Förderschulen zu Kompetenzzentren in NRW begann erst mit dem Schuljahr 2008/2009 in 10 Regionen. Insgesamt nehmen inzwischen 30 Regionen teil und weitere Anträge sind gestellt, sodass sich die Zahl der Pilotregionen zum Schuljahr 2010/2011 auf über 50 ausweiten kann. Schulministerin Barbara Sommer sieht mit der Einrichtung von Kompetenzzentren einen guten Weg, den Eltern von Kindern mit Behinderungen eine wohnortnahe Förderung zu bieten. Da die Förderschulen weiterhin Unterricht erteilen, entspricht dieses Modell dem Wahlrecht der Eltern, den Förderort für ihr Kind zu bestimmen. Sommer ist der Überzeugung, dass viele Eltern ganz bewusst eine Förderschule wünschen und wählen (Staatskanzlei des Landes Nordrhein-Westfalen, 2009).

Gesetzliche Voraussetzungen

(5) Der Schulträger kann Förderschulen unterschiedlicher Förderschwerpunkte im Verbund als eine Schule in kooperativer oder integrativer Form führen. Der Schulträger kann Förderschulen zu Kompetenzzentren für die sonderpädagogische Förderung ausbauen. Sie dienen der schulischen Förderung von Schülerinnen und Schülern mit sonderpädagogischem Förderbedarf und Angeboten zur Diagnose, Beratung und ortsnahen präventiven Förderung. Das Ministerium wird ermächtigt, die Voraussetzungen zur Errichtung und die Aufgaben im Einzelnen durch Rechtsverordnung näher zu regeln (§20 Abs. 5 Schulgesetz (NRW, zuletzt geändert Juni 2006)).

Durch diese Gesetzesverabschiedung reagiert der Landesgesetzgeber auf die deutlich veränderte Ausgangslage und die Zunahme der Anzahl von SchülerInnen mit sonderpädagogischem Förderbedarf, die in NRW deutlich über dem Landesdurchschnitt liegt (vgl. KMK 2007/08). Grundgedanke zum Ausbau einer Förderschule zu einem Kompetenzzentrum ist, die unterschiedlichen Organisationsformen von sonderpädagogischer Förderung zu einem System auszubauen. *„Es geht nicht darum, eine neue Säule der sonderpädagogischen Förderung einzurichten, (...). Es geht darum, ein Gesamtkonzept pädagogischer Förderung unter Einschluss sonderpädagogischer Förderung in den jeweiligen Einzugsbereichen zu entwickeln"* (Ministerium für Schule und Weiterbildung 2007, 2). Voraussetzung für den Ausbau ist eine Vernetzungsstruktur mit Schulen in Wohnortnähe, mit den Trägern der Jugendhilfe, mit außerschulischen und medizinischen Einrichtungen und mit Beratungsstellen unterschiedlicher Zielrichtungen. Eine Antragstellung erfolgt durch den Schulträger über die Bezirksregierung an das Ministerium für Schule und Weiterbildung.

Aufgaben und Ziele

Der Aufgabenbereich des Kompetenzzentrums kann in vier Säulen dargestellt werden (vgl. ebd. 4):

- **Diagnostik** - Eingangsdiagnostik, Prozess begleitende Diagnostik an unterschiedlichen Lernorten, Kompetenz orientierte Förderdiagnostik und darauf aufbauende Förderplanung, interdisziplinäre Vernetzung

- **Beratung** - Schullaufbahnberatung, Eltern/SchülerInnenberatung, kollegiale Beratung, Beratung bei der Organisation, Beschaffung und Anwendung von technischen & medialen Hilfsmitteln, interdisziplinäre Beratung, Fortbildung von LehrerInnen aus den vernetzten allgemeinen Schulen

- **Prävention** durch - Frühförderung; interdisziplinäre, pädagogische, organisatorische Lern- und Erziehungsbegleitung im Vorfeld von Lern- und Entwicklungsstörungen; Qualifikation von Lehrkräften der allgemeinen Schulen; Elternberatung; Unterricht und Arbeit mit Kindern ohne festgestellten sonderpädagogischen Förderbedarf; Vernetzung der außerschulischen Hilfen

- **Unterricht** – innerhalb des Kompetenzzentrums, sowie in den allgemeinen Schulen des vernetzten Raumes; Verknüpfung der individuellen Förderplanung mit den curricularen Vorgaben; Bereitstellung von Lernprozessbegleitung, von Methodenkompetenz des eigenständigen Lernens; Ausbau von Medienkompetenz

Durch die frühzeitige Förderung der Kinder und Jugendliche wird das Ziel verfolgt, einen Unterstützungsbedarf nicht zu einem sonderpädagogischen Förderbedarf zu verfestigen. Des Weiteren wird im Eckpunktepapier des Schulministeriums erwähnt, dass SchülerInnen möglichst integrativ in allgemeinbildenden Schulen zu fördern sind, sofern die Voraussetzungen hierfür gegeben sind. Die qualitativ hochwertige sonderpädagogische Förderung soll durch die Bündelung unterschiedlicher Kompetenzen und durch die interdisziplinäre Zusammenarbeit, unabhängig vom Förderort, sicher gestellt werden.

Diskussionsansätze

Nachdem nun dargestellt wurde wie sich die Bildungslandschaft NRW in Bezug auf das Recht auf gemeinsamen Unterricht von Kindern mit und ohne Behinderungen verändert, bleiben folgende Fragen in einer kritischen Auseinandersetzung mit der Umsetzung:

1. Können wir den Ausbau der Förderschulen zu Kompetenzzentren nun als Antwort auf die aktuelle internationale Diskussion zum Thema Inklusion verstehen?

2. Sind Kompetenzzentren eine Möglichkeit, die Förderschulen aufrecht zu erhalten anstatt sie aufzulösen?

3. Oder befinden wir uns auf einer kostenneutralen Teiletappe des Weges zur inklusiven Gesellschaft, der zum Endziel führen soll, zur sechsten Stufe: Vielfalt als Normalität?

Positive Aspekte des Konzeptes sind meines Erachtens vor allem in folgenden Punkten zu sehen:

- Die bisherige inhaltliche und formale Trennung von Sonderpädagogik und allgemeiner Pädagogik kann durch die Zusammenführung der Systeme aufgehoben werden.

- Es wird ein besonderes Augenmerk auf die Prävention gelegt, sodass die berechtigte Hoffnung besteht, vielen Kindern schon im Vorfeld die Aussonderung in die Sonderschule zu ersparen.

- Vernetzte Angebote können den Blickwickel auf das Kind und sein System erweitern. In der Vernetzung besteht die Chance, dass sich durch das Zusammenwirken der unterschiedlichen Fachrichtungen, sei es Psychologie, allgemeine Pädagogik, Sonderpädagogik und Medizin, günstige Synergieeffekte ergeben. Diese kommen dem Wohl des einzelnen Kindes sowie den Lehrkräften zugute, durch die Erweiterung ihrer fachlichen Kompetenzen.

- Eine Reform der LehrerInnenausbildung ist erfolgt und befindet sich weiterhin im Prozess, da die Möglichkeit besteht, weitere Änderungen nach einer Auswertung vorzunehmen.

Kritisch zu beleuchten sind die aktuellen Rahmenbedingungen für die Umsetzung.

- Es gibt keine Regelung über Mindeststandards als Voraussetzung für die Errichtung eines Kompetenzzentrums, weder über die Anzahl der Räumlichkeiten, die beispielsweise für Diagnostik oder Beratung vorhanden sein müssen, noch über die personellen Ressourcen. Bisher wurde jedem Kompetenzzentrum vom Land für die Pilotphase nicht mehr als eine 0,5 Stelle zusätzlich zugesprochen, die sich auf Präventionsaufgaben beziehen soll, den Elementarbereich eingeschlossen. Einzelne Schulträger (z. B. Stadt Köln) sichern die Bereitstellung einer Schulsekretärin zu, mit halber Stelle pro Kompetenzzentrum. Zu erwähnen ist in diesem Zusammenhang, dass ein Kompetenzzentrum aus ca. 20 schulischen Netzwerkpartnern (ca. 4.000 Schülern) und ca. 20 außerschulischen Netzwerkpartnern bestehen kann, wie z. B. Kitas oder unterschiedlichen Fachdiensten.

- In einer allgemeinen Schule, die dem System des Kompetenzzentrums angehört, sind die SonderpädagogInnen nicht dauerhaft vor Ort tätig. Da sie im Kompetenzzentrum angesiedelt sind, fungieren sie als ambulante LehrerInnen, die nur eine sehr geringe Anzahl von Stunden in den einzelnen Klassen verbringen werden können. Dies schränkt die Unterstützungsmöglichkeiten enorm ein. Je weniger Zeit für die gemeinsame Unterrichtung der Kinder besteht, desto geringer werden die Synergieeffekte einzustufen sein.

- Es gibt bereits seit 20 Jahren in NRW Modelle des GU Unterrichtes, die dauerhaft zwei Lehrpersonen vorsehen (vorrangig an Grundschulen), eine davon ist sonder- oder heilpädagogische Fachkraft. 1995 wurde der GU im nordrheinwestfälischen Schulgesetz verankert. Mit diesem Modell sind die allgemeinen Schulen in Richtung Inklusion bisher gestärkt worden. Dieses Modell ist natürlich wesentlich teurer und es besteht die Gefahr, dass mit Einrichtung von Kompetenzzentren diese teure Variante von GU zum Auslaufmodell wird.

- Erste Rückmeldungen aus den Pilotprojekten machen deutlich, dass die ambulanten SonderpädagogInnen unter den Erwartungsdruck geraten, die zu integrierenden Kinder *passend* für die allgemeine Schule zu machen. Funktioniert das nicht, dann werden sie doch in die Sonderschule ausgewiesen. *Die Kultur des Behaltens* erfordert mehr Fortbildungsangebote für Lehrkräfte vor Ort (Projekt Inkö).

Dies sind nur einige wenige Ausführungen zu den offenen Fragen und den ersten Auswertungen. Nach der Pilotphase von drei Jahren werden hoffentlich entsprechende Maßnahmen ergriffen, identifizierte Lücken im System zu schließen und entsprechende Rahmenbedingungen zu gestalten, um auf dem Weg zu einer inklusiven Gesellschaft vorwärts zu kommen. Bernd

Kochanek (Landesarbeitsgemeinschaft Gemeinsames Leben, Gemeinsames Lernen NRW e. V.) formuliert auf der Landespressekonferenz vom 12.11.2007 in Düsseldorf starke Bedenken: *„Sonderpädagogische Kompetenzzentren werfen uns um mindestens 20 Jahre in der Schulentwicklung zurück."* Festzustellen bleibt, dass der Ausbau der Sonderschulen zu Kompetenzzentren eine integrative Maßnahme darstellt. Er kann nur dann ein Schritt in Richtung inklusive Schule werden, wenn das Ziel verfolgt wird, immer weniger SchülerInnen in der Sonderschule zu fördern und immer mehr der frei werdenden Ressourcen in die allgemeine Schule zu überführen, bis letztendlich alle Kinder gemeinsam an der *Schule für Alle* unterrichtet werden können.

Bildungsstandards und Schlüsselkompetenzen

Welche Bildungsziele eine Gesellschaft verfolgt, ist vom jeweiligen Bildungsverständnis abhängig, das einem Bildungssystem zugrunde liegt. Pamela Oberhuemer (Staatsinstitut für Frühpädagogik München) teilt die Bildung im Kindesalter in zwei Modelle ein (vgl. Oberhuemer 2004, 370-374).

Modell 1 meint die Vermittlung von allgemein anerkanntem wichtigem Wissen, welches in Ziele und Kompetenzprofile festgelegt wird und zu bestimmten Zeitpunkten abgeprüft wird.

Modell 2 geht davon aus, dass jeder Mensch sich selbst bildet, sich ein Bild von der Welt, von seiner Person und den anderen macht. Das Kind wird an seinen Bildungsfortschritten gemessen und nur mit sich selbst verglichen.

Modell 1 setzt eine empirisch feststellbare *Normalentwicklung* voraus und besondere Lebensumstände können zu Abweichungen führen. In diesem Falle ist eine sonderpädagogische Maßnahme erforderlich, sei sie integrativ oder segregativ und *gute* PädagogInnen bewirken, dass möglichst alle Kinder diese Norm erreichen.

Modell 2 entspricht den Grundlagen der inklusiven Bildung, der *gute* Pädagoge gleicht durch die gestaltete soziale und materielle Umgebung die sozialen Unterschiede aus, sodass jedes Kind seinen Themen entsprechend Anregungen erhält und sich im individuellen Tempo entwickeln kann. Die Differenzierung in diese zwei Denkrichtungen gibt eine Grundlage dafür, Bildungspläne der einzelnen Länder und curriculare Vorgaben einzuschätzen und bezüglich der angestrebten Bildungsziele zu beurteilen.

Schlüsselkompetenzen aus Sicht des VDW & der OECD

In der Auseinandersetzung mit dem Zukunftsprojekt *Bildung neu denken* der vbw (Vereinigung der Bayerischen Wirtschaft), an welchem 60 ExpertInnen aus den Bereichen Wissenschaft, Wirtschaft und Hochschule beteiligt waren, wird deutlich, dass in Deutschland durchaus auch Konzepte entwickelt werden, die den Menschen ausschließlich auf wirtschaftliches Humankapital reduzieren. Das zukunftsfähige Bildungssystem soll, im Sinne der vbw produktive Individuen hervorbringen, die für den Staat Leistung erbringen. Jeder Mensch soll Schlüsselkompetenzen erwerben, die für den Arbeitsmarkt wertvoll sind und gemeinschaftsorientiert handeln, *„d.h. kompetent, verantwortungsvoll und in erheblichem Maße auch unter Verzicht auf eigenen Nutzen"* (vbw 2003, 5). Unter diesem Aspekt ist der Begrifflichkeit Schlüsselkompetenzen erst einmal kritisch zu begegnen. Dieser Ansatz widerspricht nach meiner Einschätzung dem emanzipatorischen Aufklärungsgedanken Emmanuel Kants, durch Bildung wie ein frei handelndes Wesen leben und sich somit aus untergebenen Verhältnissen befreien zu können. Nach Kant ist der Mensch ist ein Vernunftwesen, Bildung dient rein dem Selbstzweck, der Autonomie und der Selbstbestimmung (vgl. Kant 1983a).

Das OECD (Organisation für wirtschaftliche Zusammenarbeit und Entwicklung) – Projekt DeSeCo (Definition and Selection of Competencies) ist ein interdisziplinäres Projekt und beschäftigt sich seit 1997 mit zentralen Leitfragen zu Kompetenzen, die für den einzelnen Menschen wichtig sind, um ein *„erfolgreiches und verantwortungsbewusstes Leben zu führen, und für die Gesellschaft, um Herausforderungen der Gegenwart und der Zukunft zu bewältigen"* (Rychen 2004, 17). Der OECD gehören zur Zeit 30 Mitgliedsländer an, die sich unter anderem den Zielen widmen, das Wirtschaftswachstum zu fördern und den Lebensstandard zu steigern.

Der Begriff Kompetenz wird von der OECD nach Franz. E. Weinert definiert: Kompetenzen sind *„die bei Individuen verfügbaren oder durch sie erlernbaren kognitiven Fähigkeiten und Fertigkeiten, um bestimmte Probleme zu lösen, sowie die damit verbundenen motivationalen, volitionalen und sozialen Bereitschaften und Fähigkeiten, um die Problemlösungen in variablen Situationen erfolgreich und verantwortungsvoll nutzen zu können"* (Weinert 2001, 27). Folglich werden Kompetenzen an komplexen Fähigkeiten gemessen, nicht nur an dem im Gedächtnis gespeicherten Wissen und sind abhängig von Willensleistung und Motivation des handelnden Subjekts (vgl. Edelstein, 2007).

Ergebnis der mehrjährigen Forschungsarbeit der DeSeCo ist die Definition und Auswahl von Schlüsselkompetenzen aus psychologischer, soziologischer, philosophischer, ökonomischer und anthropologischer Sicht. Meiner Meinung nach ist im Vergleich zum Projekt der vbw: *Bildung neu denken,* hier der Ansatz zu betonen, dass die wirtschaftlichen Aspekte bei der Festlegung von Schlüsselkompetenzen eine bedeutende Rolle spielen, aber gleichzeitig Wert darauf gelegt wird, dass der Mensch in die Lage versetzt wird, seine persönliche Lebensgestaltung zu übernehmen und sich partizipatorisch an gesellschaftlichen Prozessen beteiligen zu können. Dennoch würde ich das Konzept der DeSeCo Schlüsselkompetenzen, aufgrund der entsprechenden Leistungsüberprüfungen zu einem festgelegten Zeitpunkt, dem *Bildungs-Modell 1,* nach Oberhuemer, zuordnen.

DeSeCo konstruiert drei Kategorien von anforderungs- und handlungsorientierten Schlüsselkompetenzen, die sich miteinander verknüpfen und den Referenzrahmen darstellen (vgl. OECD, 2005).

1. **Interaktion in sozial heterogenen Gruppen** – befähigt zum Zusammenleben in einer interkulturellen Gesellschaft und zum Umgang mit individueller und sozialer Vielfalt.

2. **Autonome Handlungsfähigkeit** – setzt eine persönliche Identität voraus, um seine Rechte, Interessen, Grenzen und Bedürfnisse zu kennen und durchzusetzen (Rychen, 2004, 18).

3. **Interaktive Anwendung von Medien und Mitteln** – beinhaltet den sicheren Umgang mit verschiedenen Informationstechnologien sowie mit Sprache und Symbolen, um sie interaktiv für seine Ziele einzusetzen.

Die Fähigkeit zu reflexivem Handeln und Denken ist ein zentrales Element in diesem Rahmen. Kunst und Kultur können nach Dominique Rychen, als interaktive Mittel Punkt 3 zugeordnet werden. *„Kunst und Kultur (einschließlich der bildenden Künste, Literatur, Tanz, Theater, Spiel und Musik) können als zentrales Medium für einen aktiven Dialog zwischen Menschen und ihrer Umwelt verstanden und unter der Kategorie „interaktive Nutzung von Medien und Tools" subsumiert werden."* (vgl. Rychen, 2004, 19). Wolfgang Edelstein sieht noch mehr Aspekte ästhetischer Erfahrung in ihren Erscheinungsformen - Wahrnehmen und Handeln - im gesamten Konzept der Schlüsselkompetenzen aufgehoben (vgl. Edelstein 2007, 70).

Bildungsstandards in einer inklusiven Pädagogik

Nach den Ausführungen über Kompetenzen soll im weiteren Verlauf der Arbeit der Begriff Bildung dazu in Beziehung gesetzt werden. Wenn nun nicht mehr von Bildung, sondern von Standards und Kompetenzen geredet wird, durch welche Schulen auf verbindliche Ziele festgelegt und Kinder in ihren Fähigkeiten verglichen werden, um Evaluationsprozesse zu erleichtern (z. B. Pisa, Iglu), dann stellt sich die Frage, wo bleibt der Bildungsbegriff im traditionellen Sinne? Georg Feuser versteht beispielsweise unter Bildung: *„...allen Kindern alles lehren zu können"*, mit der didaktischen Aufgabe herauszufinden, was einem *„...bestimmten Menschen ein Sachverhalt auf der Basis seiner Biographie und auf der Ebene des ihm momentan möglichen inneren Abbildungsniveaus im Aneignungsprozess seiner Welt und seiner selbst"* bedeutet (Feuser 1995, zitiert in Moser 2006, 16). Ein bis vor kurzem übereinstimmendes Bildungsverständnis definiert Peter Büchner: *„Bildung im traditionellen Sinne gilt als die erarbeitende und aneignende Auseinandersetzung mit der Welt schlechthin und Inbegriff der Selbstverwirklichung des Menschlichen im Menschlichen"* (Büchner zitiert in Moser 2006, 16). An dieses Verständnis von Bildung knüpfte bisher auch die Integrationspädagogik an. Die gegenwärtigen Verfechter von Bildungsstandards argumentieren damit, dass durch die Festlegung von Mindeststandards mit der Selektion der Kinder gerechnet wird. Dieses Vorhaben entspricht keinesfalls einer inklusiven Pädagogik. In diesem Zusammenhang bleibt zu erwähnen, dass es für Kinder mit besonderem Förderbedarf bislang keine Standards gibt und sie entweder gar nicht berücksichtigt werden oder aber ihre Leistungen werden

mit den Standards der Regelschule verglichen. Wenn Schulen Mindeststandards einhalten sollen, dann müsste das Ziel sein, qualitative Diagnosen der Kompetenzen einzuführen, *„also individuelle Lernwege und Lernstrategien in ihrer Komplexität zu eruieren, ohne damit Platzanweisungen zu verbinden, (...)"* (Moser 2006, 21). Eine solche Sichtweise birgt auch für Kinder mit sonderpädagogischem und besonderem Förderbedarf gute Chancen, ihre Stärken darzulegen.

In Bezug auf Chancengleichheit sollten, laut Kultusministerkonferenz im Jahre 2005, einheitliche Bildungsstandards ein Instrument zur Bildungsgerechtigkeit sein. Meiner Meinung nach muss jedoch die Aufhebung der frühen Selektion Voraussetzung der Bildungs-Chancengleichheit sein, welche jedoch in den bildungspolitischen Umsetzungen nicht auftaucht, obwohl diese von der Pisa 2000-Studie gefordert wurde. Stattdessen stehen individuelle Kompetenzen und deren ökonomische Verwertbarkeit im Vordergrund der aktuellen bildungspolitischen Maßnahmen. Organisierte gesellschaftliche Exklusionsprozesse, durch das gegliederte Schulsystem beispielsweise, tragen eher dazu bei, den demokratischen Bildungsbegriff aufzuheben. Damit geht nach Moser auch ein Verschwinden eines nicht-marktförmigen Horizonts einher, um Bildungsprozesse zu initiieren, zu beforschen und zu verändern (vgl. ebd. 23). Zieldifferenter Unterricht erfordert auch differente Leistungsüberprüfungen, in denen die Kinder ausschließlich mit sich selbst verglichen werden. Auch wenn ein Kind eine bestimmte Lesekompetenz zum abgeprüften Zeitpunkt noch nicht erreicht hat, geht das keinesfalls gleichzeitig damit einher, dass es in der interaktiven Auseinandersetzung mit neuen Medien sowie mit Kunst oder Kultur beeinträchtigt sein muss. Hier bieten alternative Kommunikations- und Ausdrucksformen Möglichkeiten, auch außerhalb sprachlicher Verständigung, z. B. über andere Symbolbildungen und Körpersprache, den Kindern weitere Zugänge zu eröffnen. Davon würden auch Kinder profitieren, deren Muttersprache nicht Deutsch ist.

Kompetenzorientierung an Grundschulen in NRW

Nach Klieme konkretisieren Bildungsstandards verbindliche *Bildungsziele für das Lehren und Lernen in der Schule* (MSW.NRW, 2008, 7). Die internationalen Schulleistungstests wie Pisa, TIMSS oder Iglu haben aufgedeckt, dass deutsche SchülerInnen insbesondere Schwierigkeiten hatten, erworbenes Wissen aus den Unterrichtsinhalten und Können miteinander zu verknüpfen und in unterschiedlichen Kontexten anzuwenden. Aus diesem Grund wurden seit 2004 Bildungsstandards als verbindliche Bildungsziele von der KMK festgelegt und alle Länder verpflichteten sich, diese im Rahmen ihrer Curriculumentwicklung zu implementieren und anzuwenden. In diesem Kontext steht die Kompetenzorientierung als veränderte Sichtweise auf das Lehren und Lernen in der Grundschule im Vordergrund (vgl. ebd., 9). Ziel des kompetenzorientierten Unterrichtes ist, *„Kindern von Beginn ihres schulischen Lernens an zu Selbständigkeit, Selbst- und Mitentscheidung zu erziehen, damit sie lernen, gesellschaftliches Leben mitzugestalten und mitzuverantworten"* (vgl. ebd, 12). Lernen wird als ein aktiver, selbstgesteuerter, situativer und konstruktiver Prozess betrachtet. Folglich muss nicht nur das inhaltliche Lernen, sondern vor allem die Lernprozesse selbst müssen stärker zum Gegenstand von Bildung werden. Das bedeutet jedoch nicht, das Ergebnis des Prozesses aus dem Blick zu verlieren. Schulen haben den Auftrag, die vorgegebenen Kompetenzanforderungen einzulösen, ohne dass eine Vorgabe zur Ausgestaltung der Bildungsprozesse gemacht wird. Diese bleibt in der Verantwortlichkeit der einzelnen Schulen durch die Erstellung von Schul-Konzepten oder –Programmen, die sehr unterschiedlich angelegt sind.

Bei der Ausgestaltung der Bildungsprozesse ist zu beachten, dass Kompetenzen auch die motivationale Einstellung und die Bereitschaft des Schülers umfassen, Lerngelegenheiten zu nutzen (vgl. Weinert 2001, 51). Das bedeutet für die Lehrenden, Lernaufgaben so zu gestalten, dass die Kinder sich in einem breiten Spektrum von unterschiedlichen Anforderungen einordnen können, ihre Interessen wieder finden und sie gefordert, aber nicht überfordert werden dürfen. Lernprozesse beinhalten vor allem auch Erfahrungen durch *Versuch und Irrtum*. Fehler sind in diesem Falle erwünscht und wichtig im prozesshaften Geschehen. Im fächerübergreifenden Unterricht haben die Kinder dann die Möglichkeit, erworbenes Wissen mit anderen Kontexten zu verknüpfen und in unterschiedlichen Problemzusammenhängen anzuwenden.

Die Kinder sollen laut Schulministerium zu folgenden Kompetenzen befähigt werden:

- Wahrnehmen und Kommunizieren

- Analysieren und Reflektieren

- Strukturieren und Darstellen

- Transferieren und Anwenden

Im weiteren Verlauf der Arbeit soll dargestellt werden, dass über ästhetische Erfahrungsbildung und über ästhetisches Lernen diese grundlegenden Kompetenzen erworben werden können. Dieser Teil der Arbeit stellt ein an den Ressourcen der Kinder und Familien orientiertes Modell für die pädagogische Ausgestaltung von Bildungsprozessen in inklusiven Grundschulen dar. Lehrkräfte könnten damit unterstützt werden, mit den gegebenen Rahmenbedingungen inklusiv und kompetenzorientiert zu unterrichten, ohne traditionelle Bildungsziele zu vernachlässigen.

Lernprozesse ästhetisch und inklusiv gestalten

Menschen mit oder ohne Beeinträchtigung lernen über sinnliche Erfahrungen. Sie eignen sich ihre Wirklichkeit über bereits erworbene Bedeutungsbezüge an sowie durch die Umwandlung von Unvertrautem in Vertrauten. Daraus entsteht ein individuelles Wissen und Bewusstsein über die Welt. *Inklusive Pädagogik* soll hier als eine *Allgemeine Pädagogik* beschrieben werden, die beispielsweise für sozialpädagogische, heilpädagogische und kindheitspädagogische Kompetenzen Raum lässt und in der Zusammenarbeit mit weiteren Disziplinen, wie Sonderpädagogik und Medizin, offen bleibt. Paul Moor betont die Wichtigkeit des Beziehungsverhältnisses in einem ganzheitlichen Ansatz von heilpädagogischem Handeln, welches sich auf die gegenwärtigen, sowie die zukünftigen Erziehungs- und Bildungsbedürfnisse richtet. Dabei sollte das Ziel verfolgt werden, die Deutungs- und Handlungsmuster der Kinder wahrzunehmen und Lösungsstrategien in Richtung Emanzipation und Selbstbestimmung zu entwickeln (vgl. Hellmann 1986, 35). Das bedeutet aber auch, *„eigen- und wider-sinnige Deutungen"* zu akzeptieren und fremdes Sinnverstehen anzunehmen (vgl. ebd. 38). Dass eine gute Beziehungsebene für alle Kinder eine Grundlage für Lern- und Leistungsfähigkeit ist, steht hier außer Frage.

In der Gestaltung von inklusivem Unterricht orientieren sich die Lehrkräfte an den entsprechenden Wissens- und Bewusstseinszuständen der einzelnen Kinder (körperliche, geistige und seelischen Beeinträchtigungen werden berücksichtigt) und an ihren Lebens- und Lernbedingungen. Dies entspricht dem systemisch-ökologischen Ansatz nach Uri Bronfenbrenner, einer der wichtigsten Theorien der Integrationspädagogik (vgl. Pohl, 17). Sein Modell eignet sich aus dem Grund, weil es soziologische und politische Elemente einzufangen versucht, ohne auf entwicklungspsychologische zu verzichten (vgl. ebd. 32). So finden auch die Theorien von Feuser, Sander und Hinz ihre Grundlage in der *„Ökologie der menschlichen Entwicklung"*, Bronfenbrenner 1981 (vgl. ebd. 24 – 28).

Feuser betrachtet alle Menschen als komplexe, dynamische Systeme und beschreibt seine Didaktik entwicklungslogisch: *„Das System reagiert, systemimmanent, und was von der Gesellschaft unter Umständen als* *pathologisch definiert wird, ist trotzdem eine entwicklungslogische und für das System adäquate Haltung"* (Feuser 1995, 121). Im inklusiven Unterricht ist diese Betrachtungsweise eine wichtige Basis, um gemeinsame Lernsituationen zu schaffen und ein Curriculum entwicklungslogisch aufzubauen. Die Lerninhalte, Ziele und Methoden sollen nicht an den von der Norm abweichenden Leistung und Fähigkeit eines Kindes ausgerichtet werden. Stattdessen orientiert sich die vom Kind ausgehende Unterrichtsgestaltung an den Wahrnehmungs-, Denk- und Handlungsmöglichkeiten der Kinder (vgl. ebd. 174). Feusers Didaktik ist dreidimensional und bezieht sich eher auf Erkenntnisgewinn als auf Wissensakkumulation (vgl. Feuser 1995, 36).

1. Entwicklungsbezogene *Tätigkeitsstrukturanalyse:* Einschätzung der momentanen Wahrnehmungs-, Denk- und Handlungskompetenzen und der anzustrebenden nächsten Zone der Entwicklung nach Vygotskij.

2. In der *Handlungsstrukturanalyse* geht es um die Gestaltung strukturierter Lern- und Handlungsfelder, in Abhängigkeit von den durch die Randbedingungen (z. B. Behinderung) beeinflussten Handlungsmöglichkeiten.

3. In der *Sachstrukturanalyse* geht es um die tätige Konfrontation der Kinder mit den aufbereiteten Bildungsinhalten und den Handlungsmöglichkeiten, die sich durch den gemeinsamen Gegenstand ergeben.

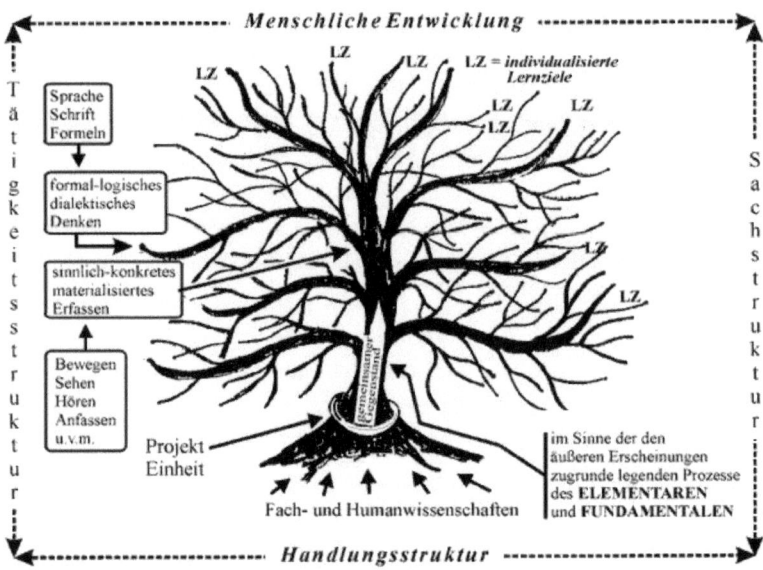

Abbildung 4 (Feuser, 1995, 179)

Das folgende Kapitel geht intensiv auf Wahrnehmungs- und Denkprozesse ein, die Feuser in seiner Tätigkeitsstrukturanalyse beschreibt.

Bedeutung von Wahrnehmung und Wahrnehmungsförderung

„Sich selbst und seine Umwelt wahrnehmen zu können, ist Grundlage für die Fortbewegung, für Handlungs- und Denkprozesse, für zwischenmenschliche Kontakte und Verständigung, für den Aufbau von Selbstbewusstsein und - vertrauen und stellt somit eine notwendige Voraussetzung für die Lebensbewältigung in der sozialen und dinglichen Umwelt dar" (Fischer 1998, 9).

Anhand dieser Beschreibung wird die Wichtigkeit von *funktionierenden* Wahrnehmungsprozessen in der menschlichen Entwicklung deutlich. Was ist mit *funktionierend* in diesem Zusammenhang gemeint? Der Mensch nimmt sensorische Reize (visuell, taktil, olfaktorisch, gustatorisch, auditiv, propriozeptiv, vestibulär) über seine Sinnesorgane auf. In einem komplexen, integrativen, physischen Vorgang der elektrischen und chemischen Energieübertragung und -umwandlung erfolgt anschließend im Gehirn ein psychischer Prozess der Sinnstiftung bzw. Bedeutungszuweisung (vgl. ebd. 18). Darauf folgt eine Reaktion, die einen sensomotorischen (z. B. Reflex) und einen symbolischen (z. B. Sprache, Schrift, Bilder) Anteil hat. Dieser Prozess geschieht zwar in geordneter Weise, aber parallel und permanent als sensorische Integrationsleistung. Damit wird deutlich, dass Wahrnehmen ein aktiver, auf das Subjekt bezogener Vorgang ist, der auf verschiedenen Ebenen über beide Gehirnhälften gleichzeitig stattfindet und mit Kognitionen verbunden ist. Während des Vorgangs filtert das Gehirn Sinneseindrücke je nach Emotion und Motivation und speichert sie durch Gedächtnisleistungen ab. Erinnerungen aus vergangenen Erfahrungen strukturieren die augenblicklichen mit und ergänzen möglicherweise Lücken. *Funktioniert* die Integrationsleistung aufgrund unterschiedlicher Ursachen nicht, wird im Allgemeinen von einer Wahrnehmungsstörung gesprochen, als ein Sammelbegriff für Störungen in der Wahrnehmungsentwicklung.

In der Sonderpädagogik besteht die Annahme, behinderte Kinder und Jugendliche seien überwiegend oder teilweise sinnes- bzw. wahrnehmungsgestört. Zur Diagnose von spezifischen Ausfällen oder Schwächen in unterschiedlichen Wahrnehmungsbereichen gibt es psychologisch orientierte Testverfahren, z. B. FROSTG-Test oder Bentson-Test, die nach Fischer den Prozess der *„Wahrnehmung unter neurophysiologischen Gesichtspunkten auf sensorische und körperliche Funktionstüchtigkeit reduzieren, den Aspekt der subjektiven Sinnstiftung verkennen"* und die bisherige Lebensgeschichte des Kindes außer Acht lassen (vgl. ebd., 224). Fischer kritisiert, dass didaktische Materialien oder Programme zur Wahrnehmungsförderung oftmals isoliert und außerhalb der konkreten Lebenssituationen als reines Funktionstraining durchgeführt werden (vgl. ebd. 10).

Aus pädagogischer Sicht interessiert jedoch eher, ob das Kind in der Lage ist, Reize sinngebend zu verarbeiten, um sich in seiner Lebenswelt orientieren zu können. Menschen handeln aus konstruktivistischer Sicht auf der Grundlage von

Bedeutungszuweisung und diese resultiert aus Erfahrungen, die sie im Erleben mit anderen Lebewesen oder Dingen gemacht haben, auf die im nächsten Kapitel noch intensiver eingegangen wird. Aus diesem Grund ist Wahrnehmung immer individuell und nicht richtig oder falsch. Kann es dann überhaupt eine Wahrnehmungsstörung geben? Legen wir nach einer anthropologischen Sichtweise das Verhalten eines Kindes immer als zweckmäßig zugrunde, richtet sich der Fokus ab von einer pathologisierenden und das Störende in den Vordergrund stellenden Pädagogik hin zu einer verstehenden Pädagogik, *„…die handlungsbezogene, sinnstiftende und den ganzen Menschen ansprechende Lernangebote…"* bereit stellt (ebd. 226). Das bedeutet für die Unterrichtsgestaltung, dass wahrnehmungsfördernde Angebote an der Lebenswirklichkeit der Kinder orientiert sein müssen. Die Lehrenden müssen intensiv beobachten, das Verhalten des Kindes verstehen und das Handeln richtig einschätzen können, um Ziele zu formulieren, die für seine zukünftige Lebensbewältigung wichtig und sinnvoll sind (vgl. ebd. 229).

Betrachten wir jetzt nochmals die Kompetenzen, die ein Kind in der Grundschule erlernen sollte, dann wird klar, dass im Sinne von Inklusion jedes Kind, egal welche körperlichen oder geistigen Voraussetzungen vorhanden sind, wahrnimmt, kommuniziert, analysiert, reflektiert und strukturiert. Um Fähigkeiten auszuprägen, wie Darstellen, Transferieren und Anwenden ist eine individuelle Unterstützung notwendig, die sich wiederum daran orientieren muss, welches Ergebnis die Kind-Umfeld-Analyse hervor gebracht hat. In diesem Sinne wendet sich Inklusive Didaktik ab von dem Begriff Wahrnehmungsstörung. Die Lehrkraft muss nach der Sinnhaftigkeit eines Verhaltens suchen, um entsprechende wahrnehmungsfördernde Momente gestalten und ermöglichen zu können, im Sinne einer Ermöglichungsdidaktik nach Rolf Arnold (2007).

Ästhetische Wahrnehmung und ästhetische Erfahrung

„Mit Wahrnehmung und Erfahrung – innerer und äußerer – fängt alle Erkenntnis an" (Prauss, zitiert nach Otto 1998, 93). Dabei ist die Nähe von Wahrnehmung und Erfahrung ein wesentlicher Bestandteil, um zu einer tatsächlichen Erkenntnis zu gelangen. Jede Form von Erkenntnis bedeutet das Erlangen von neuem Wissen, also Bildung. Bildung ist zu verstehen als ein

lebenslanger Prozess, der mit der Geburt beginnt und erst mit dem Tode endet. In den bisherigen Ausführungen wurde stets von Wahrnehmung und Sinneseindrücken gesprochen, die jedoch nicht in jedem Falle auch mit Bildungsprozessen verbunden sind. Um den ästhetischen Anteil heraus zu kristallisieren und den Bildungsaspekt zu verdeutlichen ist es nötig, einige Begriffe genauer zu betrachten und sich mit den Diskussionen über unterschiedliche Begriffsauffassung zu beschäftigen. Dabei liegt der Fokus vorrangig auf Klaus Mollenhauer – ästhetische Bildung, Gerd E. Schäfer – Ästhetische Erfahrungsbildung, sowie auf Matthias Duderstadt, dessen improvisatorische Verfahrensweisen Einfluss auf die konkreten pädagogischen Ideen zur praktischen Umsetzung des didaktischen Konzeptes in dem Kapitel „Didaktische und methodische Vorschläge für inklusiven Unterricht" haben.

Begriffserläuterung Erfahrung

In dem Wort Erfahrung steckt der Begriff Fahren, also eine Form des Bewegens. Erfahrung setzt demnach voraus, dass sich das Subjekt von Gewohntem wegbewegt, um in der Begegnung mit der Umwelt neue Kenntnisse zu erlangen. Gernot Böhme versteht Erfahrung als den Prozess, *„durch den der Mensch aus dem Umgang mit Dingen und Menschen Kenntnis über diese gewinnt"* (Boehme zitiert in Aissen-Crewett 2000, 110-111).

Nach Kant geht sowohl die Erfahrung als Produkt der Sinne und des Verstandes, als auch die kritische Verarbeitung des Empfindungsmaterials durch das Denken in den Erfahrungsprozess ein. Hartmut von Hentig erweitert die Definition von Erfahrung als *„Bearbeitung einer Wahrnehmung",* um den Moment des Handelns (Hentig zitiert in Otto 1998, 55). Er betont, dass jede Erfahrung den Erfahrenden verändert. Erfahrung bezieht sich nach Gunter Otto auf die Erfahrung mit einer Sache und auf die Erfahrung meines Selbst, auf die sinnliche Wahrnehmbarkeit des Problems und auf die Reflexion, sowie auf die Handlung und das Nachdenken darüber (vgl. ebd., 94).

Erfahrung ist der Ausgangspunkt für Lernprozesse, deren Ergebnisse in jedem Fall offen bleiben. *„Erfahrung ist nicht im Sinne einer Belehrung zu verstehen, sondern als Entwicklung des Lernvermögens"* (Aissen-Crewett 2000, 316).

Die Definitionen stellen dar, dass der Mensch durch Erfahrungen sein Wissen erweitert, dass er Erkenntnisse über Welt erlangt und dass Voraussetzung dafür das persönliche Tätig sein ist. Dabei benötigt er Impulse, die ihm Erfahrungen mit Unvertrautem ermöglichen, damit ein Zustand von Irritation entsteht, der wiederum Gefühle wie Neugier oder auch Angst oder Ehrgeiz auslösen kann.

Bevor auf die Wirkung von ästhetischen Verfahren in Zusammenhang mit Lernen eingegangen wird und um eine persönliche Verortung vornehmen zu können, erscheint es von basaler Wichtigkeit, sich mit dem Ursprung ästhetischer Bildung und deren Einzug in die Schulen zu beschäftigen.

Exkurs: Ästhetik im geschichtlichen Kontext

An dieser Stelle soll anhand einiger bedeutender Philosophen und Wissenschaftler kurz skizziert werden, mit welch unterschiedlichen Denkansätzen, Theorien und Modellen die Lehre von der Ästhetik verstanden oder erklärt wurde. Die Theorien der hier in dieser Arbeit erwähnten Persönlichkeiten beeinflussen die heutigen Didaktiken in besonderem Maße.

Alexander Gottlieb Baumgarten (1714-1762) gilt als der Begründer der neuzeitlichen philosophischen Ästhetik. In seinem Buch *Aesthetica* (1750/58) definiert er Ästhetik als die *„Wissenschaft von der sinnlichen Erkenntnis"* und betrachtet sie als ein *„dem rationalen Denken analoges Erkennen"* (vgl. Aissen-Crewett 2000, 376). Für ihn *„schöpfte die herkömmliche Logik nicht den ganzen Bereich menschlichen Wissens aus, um die Gesamtheit der Erkenntniskräfte zu umspannen; ihr müsse vielmehr die ‚Logik der Sinnlichkeit' an die Seite gestellt werden"* (ebd. 260/261).

Wirft man einen Blick in ein griechisch-deutsches Wörterbuch, trifft man auf zwei Bedeutungen von Aísthetik:

„1. Sinneseindruck, Wahrnehmung, Gefühl, Empfindung und

2. (geistig) Erkenntnis, Kenntnis, Begreifen, Verstand, Bewusstsein, Urteil" (Menge, zitiert in ebd. 62).

In dieser Übersetzung ist sowohl die sinnliche Wahrnehmung als auch die sinnliche Erkenntnis Gegenstand der Aísthetik.

Um 1800 bildete die *Schönheit* den Ausgangspunkt, *„um das Verhältnis von Menschen zu Gesellschaft und Staat auf eine neue Basis zu stellen"* (vgl. Velthaus 2002, 41). Die ästhetische Erziehung, die hier mit Bildung gleichzusetzen ist, sah ihre Hauptaufgabe in der Entfaltung der Anlagen des jungen Menschen. Da dies wenig mit Sittlichkeit und Politik zu tun hatte, blieb die Bildungsidee im Gesellschaftsbezug nicht anerkannt. Erst Kant (1724-1804) legte in seiner Kritik der Urteilskraft dar, dass zwar niemandem das Wohlgefallen am *Schönen* aufzunötigen ist, aber, *„dass der Geschmack in der Beurteilung einer Ausbildung bedarf."* (Kant zitiert in ebd.). Er betrachtete die Kultur als den nötigen Erfahrungsraum, in welchem jedes Subjekt sein persönliches Geschmacksurteil bildet. Dieses Urteil bezog sich jedoch nicht auf das Objekt, welches es zu beurteilen hatte, sondern auf den Zustand, in den es durch die Begegnung mit dem Objekt versetzt wurde. Der Blick richtete sich also auf das Subjekt, auf das, was im Menschen hervorgerufen wurde und sein Denken beschäftigte, jenseits aller Zweck- und Funktionszusammenhänge. Johann Ch. F. von Schillers (1759-1805) ästhetische Studienbriefe zur Erziehung des Menschen wurden stark geprägt von Kants Anthroposophie über die bildende Wirkung des *Schönen* und die Ermöglichung und Verwirklichung von Freiheit mittels der Kunst. Für Schiller war die *Schönheit* Inhalt des Spielens und er stellte somit die Bedeutung des Spiels für die Pädagogik in den Vordergrund. Dabei kam es ihm vor allem auf das innermenschliche Geschehen an. *„Der Mensch spielt nur, wo er in voller Bedeutung des Wortes Mensch ist und ‚er ist nur da ganz Mensch, wo er spielt'"* (Schiller zitiert in Richter 2003, 51). Die Einbildungskraft als Grundlage des Spiels musste jedoch erst befreit werden, durch die Überwindung des Animalischen im Menschen, das heißt, er musste sich erst gesittet gegenüber stehen und die Gesetze beachten (vgl. Richter 2003, 52).

Wilhelm von Humboldt (1767-1835) ging von der Überzeugung aus, dass Kunst eine unersetzbare Voraussetzung der Bildung darstellt und bezog sich damit eindeutiger auf das Kunstwerk. Bei ihm blieb es nicht bei dem durch das Schöne zu erreichenden Zustand, in welchem *„Einbildungskraft, Freiheit und Notwendigkeit miteinander versöhnt sind. Für Humboldt hat sich demgegenüber (...) im Kunstwerk selbst die Versöhnung vollzogen"* (Velthaus 2002, 41). Er sah das Kunstwerk als eine Objektivation des menschlichen Geistes und in der

Auseinandersetzung mit diesem, eine Auseinandersetzung mit der eigenen Erfahrung, welche zu besonnenem Handeln führen kann. *„In solcher Schöpfung und Rezeption eines Kunstwerkes geschieht Bildung nur so scheint Bildung überhaupt möglich zu sein."* (ebd. 42).

Johann Heinrich Pestalozzi (1746-1827) entwickelte eine kunstpädagogische Methode, die über 100 Jahre den Zeichenunterricht prägte. Durch ihn etablierte sich die Kunsterziehung zu einem Teil der allgemeinen Elementarbildung. Sein *ABC der Anschauung* geht von einer Kunstanschauung aus, die an mathematisierte zeichnerische Operationen gebunden werden soll.

„Dieses geht von der waagerechten und senkrechten Linie und in dem durch ihre Zusammensetzung anspringenden Quadrat aus" (Pestalozzi, zitiert in Richter 2003, 92). Damit reduzierte er sein kunstdidaktisches Konzept radikal auf das Lineare.

Zum Abschluss der geschichtlichen Betrachtung soll erwähnt werden, dass bereits 1858 der Pädagoge und Arzt Jan D. Georgens und der Pädagoge Heinrich M. Deinhardt der ästhetischen Erziehung eine zentrale Schlüsselfunktion in der pädagogischen Arbeit mit geistig behinderten, verhaltensauffälligen und sozial benachteiligten Kindern und Jugendlichen zukommen ließen (vgl. Theunissen 1996, 58). Ihr Ziel sei die *„harmonische Ausbildung des Menschen"* (Georgens/Deinhardt zitiert in ebd.) oder nach Schiller *„die Veredelung des Charakters"* (Schiller zitiert in ebd.). Dabei meint ästhetische Erziehung eine Art Lernhilfe für die Arbeit mit Kindern, indem sie zum Zusammenwirken der Sinne und Bewegungsorgane, zur Wahrnehmungs- und Beobachtungsfähigkeit und zur Entfaltung des Vorstellungsvermögens und der Kombinationsgabe beitragen soll. Ganz im Sinne Schillers betrachteten sie das Spiel als ihr wichtigstes Mittel (vgl. ebd. 59).

Ästhetische Bildung nach Klaus Mollenhauer

In der Literatur gibt es große Unterschiede in der Begriffsdefinition der Ästhetischen Bildung. Das ist unter anderem darauf zurückzuführen, dass bei einigen Wissenschaftlern zwischen Ästhetik und Aisthetik unterschieden wird. Beispielsweise unterscheidet Martin Seel folgendermaßen:

1. Gegenstandsgebiet der **Ästhetik** sind Wahrnehmungs- und Herstellungsformen nur dann, wenn sie *„sich auf bestimmte, traditionell ‚schön' genannte Objekte beziehen, nicht zuletzt – aber keineswegs allein – auf die der Kunst"* (Seel, zitiert in Aissen-Crewett 2000, 21).

2. Gegenstandsgebiet der **Aisthetik** ist hingegen *„einfach die menschliche Wahrnehmung, ohne Beschränkung auf bestimmte Formen und Funktion"* (ebd.).

Meike Aissen-Crewett prägt den Begriff Ästhetisch-aisthetische Erziehung, um die Zweigleisigkeit zu verdeutlichen (ebd. 3). Im Folgenden soll der Begriff der Ästhetischen Bildung anhand von Klaus Mollenhauers Theorie dargestellt werden. Er bezieht ästhetische Bildung eindeutig auf die Bildung im Umgang mit Kunst. Ästhetische Erfahrung stellt sich für Mollenhauer in der Interaktion zwischen Objekt und Subjekt ein. Dabei geht es um die sich einstellende, innere Empfindung während das „Ich" sich mit dem ästhetischen Objekt in Beziehung setzt. Diese ist zwar auch auf Aísthesis angewiesen, hat aber durch die ästhetische Weise *„Sich-in-Beziehung"* zu setzen, einen besonderen Charakter (Mollenhauer, zitiert in ebd. 103). Zwei Seiten ästhetischer Erfahrung beschreibt er:

Die Auseinandersetzung mit der Welt - *Selbst*

Die Aufmerksamkeit auf mich selbst - *Ich*

Der *Grund* für die Bildungsbedeutsamkeit ästhetischer Vorgänge ist das *Thematisch – Werden* von Sinnesereignissen mit Bezug auf *Ich* und *Selbst* (vgl. Mollenhauer 1996, 29). Anhand des folgenden Schemas wird eine Art *Ich-Selbst-Zirkel* verdeutlicht:

Abbildung 5 (Mollenhauer 1996, 31)

Da für Mollenhauer die Wirkung von Erfahrungen mit kunstförmigen Ereignissen an keine zeitliche Abfolge gebunden ist und auch nicht bestimmt werden kann, sieht er den ästhetischen Bildungsbegriff nicht verengt auf didaktische und schulische Verwertbarkeit. Ästhetische Bildung im Sinne Mollenhauers Theorie ist nach meinem Verständnis in einer inklusiven Schule, in der jedes Kind nur mit sich selbst verglichen werden sollte, durchaus lebbar und ein wichtiger Bestandteil des Kunstunterrichtes, auch wenn Mollenhauer selbst die Entfaltung der Bildungskraft ästhetischer Erfahrung *„auch ohne (...) Arrangements einer Lehre"* gegeben sieht. (Mollenhauer, zitiert in Aissen-Crewett 2000, 104). Die didaktischen Überlegungen im Kapitel „Didaktische und methodische Vorschläge für inklusiven Unterricht" beziehen sich vorrangig auf die Fächer, in denen musisch-künstlerische Tätigkeiten nicht offiziell Unterrichtsgegenstand sind. Die Auseinandersetzung mit Mollenhauers Theorie ist grundlegend wichtig für die fächerübergreifende Arbeit, um davor gewarnt zu sein, die Erfahrungen mit Kunst zu einem bestimmten Zweck zu missbrauchen.

Ästhetische Erfahrungsbildung nach Gerd Schäfer

Nach Gerd E Schäfer ist Grundlage und Ausgangspunkt ästhetischer Welterfahrung die (Aus-) Bildung der sinnlichen Tätigkeit. Er versteht ästhetische Bildung nicht eingeschränkt auf Kunsterfahrungen (aus diesem Grund spricht er in seiner neueren Literatur von aisthetischer Bildung, in dieser Arbeit wird jedoch die ursprüngliche Schreibweise beibehalten), sondern definiert sie als sinnliche Wahrnehmung und Veränderung von Wirklichkeit mit Mitteln des Spielens und Gestaltens. Damit ist für Schäfer ästhetische Erfahrungsbildung vielsinnige Wahrnehmung, Differenzierung und imaginatives Denken dieser Wahrnehmungserfahrung und er stellt sie in den Mittelpunkt frühpädagogischen Handelns (Schäfer 2003, 46-48). Die Kunst betrachtet er als *„eine Form, die Differenzierungspotenziale bis an die Grenzen zu treiben, welche auf der Basis gegebener kultureller Traditionen erreichbar sind"* (Schäfer, 2003, 47).

Schäfer bezieht die neuesten Ergebnisse der Säuglingsforschung, der Kognitionsforschung und der Neurobiologie in sein Bildungskonzept ein: Gehirnentwicklung ist eine nutzungsabhängige Ausdifferenzierung von neuronalen Strukturen und vollzieht sich in Abhängigkeit von Lebenserfahrungen. Er betont dabei die emotionalen Erfahrungsmuster, die durch die Biografie des Kindes erworben werden (vgl. Schäfer 2008a, 107). Dabei bilden sich nur die Netzwerke aus und bleiben erhalten, die durch häufige Nutzung stabilisiert werden. Der Rest baut sich wieder ab, schon erworbenes Wissen kann verloren gehen. Werden die Wahrnehmungen des Körpers vernachlässigt, dann wird ein zentrales Ordnungssystem des Menschen immer weniger ausgebildet und differenziert. Schäfer sieht aus dem Grund eine große Gefahr im Abbau des sinnlich-ästhetischen Bildungsbereiches zugunsten anderer Fächer (vgl. ebd. 2008a, 66).

Er unterscheidet drei Formen der sinnlichen Wahrnehmung, die sich gegenseitig ergänzen und die es auszubilden gilt. (vgl. ebd. & Schäfer 2003, 38-42):

1. die Wahrnehmung des Körpers und seiner Organe (Leiberfahrung)

- bezieht sich auf wahrnehmen von Berührungen, Raumlage, Körpergrenzen und Wahrnehmung der eigenen Körperorgane; sie sind vermutete Basis für die Entwicklung weiterer Sinnesbereiche, beginnen bereits intrautinär (vgl. auch Fischer, 1998, 111).

- sind mit der Geburt so weit entwickelt, dass sich das Neugeborene an ihnen einigermaßen verlässlich orientieren kann.

- Sind Voraussetzung für ein sinnlich-körpermotorisches, sensomotorisches Weltbild (vgl. Piaget in Schäfer 2008a, 80-81): Erst über den Mund, dann über das Fassen und Greifen eines Gegenstandes bei gleichzeitiger Entwicklung und Koordination des gesamten Bewegungsapparates, Erfahren von Körperspannungen und von Körperrhythmen (z. B. Herzrhythmus, Bewegungsrhythmus von Armen und Beinen).

- Kind und Objekt stehen in einem vitalen Aktionszusammenhang, der mit Zuständen, bzw. Gefühlen verbunden ist.

- Erleben von Wohl- oder Missbefinden des eigenen körperlichen Zustands, wenn Welt auf den Körper einwirkt.

2. die Wahrnehmung der Fernsinne – sehen und hören

- Erfassen der Welt außerhalb des Körpers in der Alltagswirklichkeit.

- innere Verarbeitung durch Wählen, handelndes Strukturieren, Bewerten, Erinnern und sachliches Denken.

- Nicht nur visuelle und akustische, sondern auch körperliche, atmosphärische oder gefühlsmäßige Sinnesreize werden gleichzeitig aufgenommen und verarbeitet.

3. die emotionale Wahrnehmung

- gibt Auskunft über Beziehungen und ihre Qualität.

- gibt dieser eine individuelle Bedeutung und gestaltet die Beziehung.

- unterscheidet nach primären Gefühlen, die durch die biologische Ausstattung präorganisierte Reaktion auslösen und sekundären Gefühlen, die Reaktionsmöglichkeiten umgestalten, über Bewusstsein und Erfahrungen in Interaktionen (vgl. Damasio in Schäfer, 2003, 41/42).

Die drei Sinnessysteme sind nicht bei jedem Menschen gleich weit entwickelt. Das ist schon beim Eintritt in das Leben so und diese Heterogenität, bleibt ein ganzes Leben lang bestehen. Jeder Mensch bedarf einer basalen ästhetischen Bildung, um sich in seiner Kultur, in die er hineingeboren wurde, zurechtzufinden. Für Schäfer stützt sich Wissenserwerb auf zwei Mechanismen (vgl. Schäfer 2008a, 55-56):

Bildung aus 1. Hand ⇒ Ergebnis Erfahrungswissen:

- findet ein Leben lang statt.

- setzt eine basale Bildung der kindlichen Wahrnehmungs- und

Empfindungsfähigkeit voraus.

- schließt an die Differenzierung der kindlichen Vorstellungs-, Verarbeitungs- und Denkprozesse an.

- baut auf Alltagserleben auf; Emotionen und Beziehungen sind ein wesentlicher Bestandteil davon.

- gibt Dingen im soziokulturellen Umfeld durch eigene Handlungszusammenhänge eine Sinnperspektive und Bedeutung (soziale und kulturelle Prägung).

- ab ca. dem 2. Lebensjahr erfolgen zusätzliche Prozesse über Imitation als Erfassen der Perspektive eines Anderen (mimetische Übernahme von Handlungs- und Könnensschemata).

- ist Grundlage für Lernen aus 2. Hand, da theoretisches Denken erst von bekannten einzelnen Elementen ausgehen kann.

Bildung aus 2. Hand ⟹ Ergebnis Theoriewissen:

- benötigt Erfahrungswissen.

- Lernen durch Instruktion, erst mit Spracherwerb möglich: Erwerb von Kompetenzen in systematisch, strukturierten Lernarrangements.

- Untergeordnete Begriffe: Aneignung, Lernen, Kompetenzerwerb.

Bildungsprozesse werden aus einer Außenperspektive thematisiert.

Neue Erfahrungen, bei denen die kreative Selbsttätigkeit des Kindes im Vordergrund steht, verändern die Ereignismuster vergangener Erfahrungen, während im theoretischen, bzw. kognitiv-rationalem Denken neue Erfahrungen vorwiegend aus Schlussfolgerungen entstehen. Das kognitiv-rationale Denken ist vorrangig ergebnisorientiert. Beide Lernprozesse sind von großer Bedeutung, sie müssen sich begegnen. Bleibt das Erfahrungswissen ohne begriffliche Zuweisung, ist keine Kommunikation darüber möglich und kann somit nicht „*in gedankliche Bewusstseinsprozesse überführt werden. Umgekehrt bleibt theoretisches Wissen ‚totes Wissen', wenn es nicht mit konkreten Erfahrungshintergründen angereichert oder gesättigt werden kann*" (Schäfer 2008a, 59). Schäfer kritisiert, dass die Weitergabe von vorgedachtem, bereits symbolisch vorstrukturiertem Wissen in der Schule den größten Raum einnimmt. Dies entspricht einer objektivistischen Lernbetrachtung, bei der das Lernen durch Instruktionen im Vordergrund steht, während die konstruktivistische Lernauffassung davon ausgeht, dass jeder Mensch eine schöpferische Kraft besitzt, die nur freigelegt werden muss. In seiner Literatur formuliert Schäfer stetig die Forderung an die Bildungsinstitutionen, Bildung durch ästhetische Erfahrungen nicht mehr ins Belieben zu stellen, sondern ins Zentrum frühpädagogischen Handelns und Denkens (vgl. ebd. 78). Dabei bezieht er die mittlere Kindheit, also die Grundschulzeit, in die Forderungen mit ein.

> „Lernen wir besser wahrnehmen wenn wir das problemlösende Denken in unseren Kindern unterstützen wollen" (Schäfer, 2008b, 27).

Ästhetische Lernprozesse

> "Lehrbar ist nicht ästhetische Erfahrung selbst, die ist ein höchstpersönlicher Vorgang, der sich der Erziehung entzieht. Lehrbar ist das ästhetische Wahrnehmen" (Aissen-Crewett, S. 131).

Diesen Grundsatz muss sich jede pädagogische Lehrkraft zu Eigen machen, wenn sie die Aufgabe hat, einen individuellen Lehrplan für ein Kind zu erstellen. Die darin enthaltenen Lernaufgaben müssen derart gestaltet sein, dass dem Kind vielfältige Erfahrungsmöglichkeiten in allen Sinnesbereichen ermöglicht werden, um einen eigenen Erfahrungsschatz zu erlangen, den es im Austausch mit den Anderen kommunizieren kann. Dazu muss es seine Erfahrungen wahrnehmen, mit alten abgleichen und entweder assimiliert es das Erlebnis, d. h. es wendet nach Jean Piaget ein bekanntes Schema auf neue Situationen an, oder es muss sein bisheriges Muster akkommodieren, also das bekannte Schema entsprechend anpassen oder erweitern. Dieser Prozess ist jedoch nur über unsere Gedächtnisleistung möglich, innere Bilder treten in Erscheinung und es entstehen neue Abbildungen von der subjektiven

Wirklichkeit, sogenannte Repräsentanzen. Diese inneren Repräsentanzen treten nicht immer in unser Bewusstsein, sie bleiben auch oft unbewusst, aber sie beeinflussen in jedem Fall unser Denken und Handeln.

Matthias Duderstadt spricht davon, dass es im Kontext ästhetischer Bildung um das geht, „was in schöpferischen Prozessen, die in einen pädagogischen Zusammenhang eingebunden sind, aus dem Erinnerten evoziert werden kann" (Duderstadt, 2003, S.23). Er bezieht den „Gegenstandsbereich einer Ästhetik der Wahrnehmung [auf] die Künste und alle anderen Wirklichkeitsbereiche" (Duderstadt uni-bremen.de). Insbesondere die Gegenwartskünste betont er, wegen ihres inhaltlichen und methodischen Reichtums (vgl. ebd.).

Duderstadt beschreibt vier Gedächtnisarten, die ursprünglich in der theatertheoretischen und der theaterpädagogischen Literatur zu finden sind. Jede Gedächtnisart stellt keine isolierte Eigenleistung dar und alle sind miteinander verknüpft (vgl. ebd., S. 23-58). Diese Einteilung erscheint mir hilfreich, um eine grundsätzliche Didaktikstruktur entwickeln zu können, in die alle Gedächtnisarten einbezogen werden.

- **Kognitives Gedächtnis** – erinnert sich vor allem an Fakten, Formeln, Daten etc., spielt in schulischen Kontexten meist eine gewichtige Rolle.

- **Emotionales Gedächtnis** – im emotionalen Gedächtnis befindet sich das Material, das aus den Gefühlen besteht, die wir im Erleben mit anderen Menschen oder Dingen empfunden haben, wie Glück, Trauer, Hass, Neid…

- **Sensorisches Gedächtnis** – orientiert sich an den traditionellen 5 Sinnen und betrifft die Erinnerung daran, wie etwas schmeckt, riecht, klingt, aussieht und sich anfühlt.

- **Körpergedächtnis (Leibgedächtnis)** – ist immer in Zusammenhang mit dem sensorischen Gedächtnis zu sehen. In ihm werden Erinnerungen aus der kinästhetischen Sphäre (Raum- und Zeitgefühl, basierend auf unserem Muskelgefühl, (Moshé Feldenkrais)), aus dem Gleichgewichtssinn und in einer Tiefenschicht aus der Propriozeption (Eigenwahrnehmung) aufbewahrt.

Für die Arbeit mit Kindern gilt es Methoden in der Unterrichtsgestaltung zu entwickeln, die sie ermuntern, sich an ihre Erfahrungen und Erlebnisse zu erinnern, um an dieses schöpferische Material zu gelangen. Natürlich ist nicht jedes Kind in seiner differenzierten Wahrnehmung so geübt, dass es seine „Welt" tatsächlich wahrnehmend beobachtet kann und über sie kommuniziert. Die Sensibilisierung dafür aber muss Bestandteil des Unterrichtes sein.

Didaktische und methodische Vorschläge für inklusiven Unterricht

Die neuen Richtlinien und Lehrpläne des Ministeriums für Schule und Weiterbildung liegen seit dem 1.8.2008 den Grundschulen vor und stellen eine verpflichtende Orientierung für die zu erreichenden Bildungsstandards dar.

Ein kritischer Blick auf die Handreichung des Ministeriums über kompetenzorientierten Unterricht bestätigt, dass trotz der neuen Sichtweise auf das Lehren und Lernen in der Grundschule, das zu erwerbende Wissen in Form von Kompetenzerwartungen festgelegt wurde. Auch wenn die Kinder in offenen Lernsituationen zum selbstständigen Lernen angeleitet werden sollen, ist das Ergebnis der Lerneinheit, also das, was die Kinder zu Denken und zu Wissen haben, vorher festgelegt. Auf der anderen Seite enthalten die Lehrpläne wenig Aussagen zur Methode und zur Didaktik, sodass es gut möglich ist, den pädagogischen Spielraum durch ästhetische Erfahrungsbildung zu erweitern und zu bereichern.

Die große Entwicklungsspanne in einer inklusiven Grundschulklasse hat zur Folge, dass auch die elementare Bildung eine Berücksichtigung im Schulkonzept finden muss. Gerade darin liegt eine große Chance für alle Kinder, weil infolgedessen Lernprozesse durch Bildungsangebote aus 1. Hand für das gemeinschaftliche Lernen wieder eine größere Relevanz bekommen.

Positiv zu erwähnen ist, dass in der Handreichung darauf hingewiesen wird, Lernaufgaben daraufhin zu überprüfen, welche Bezüge zur Lebenswirklichkeit der Kinder hergestellt werden können (vgl. MSW.NRW 2008, 18). Geht man noch einen Schritt weiter, sollte umgekehrt die Frage danach gestellt werden: Welche Lebens- oder Alltagssituationen der Kinder können situativ zum Gegenstand von Lernaufgaben im Unterricht werden?

Die Bildungsstandards sind in drei Anforderungsbereiche (AB) eingeteilt (vgl. ebd., 16) und werden je nach Unterrichtsfach fachbezogen formuliert:

AB 1 = Reproduzieren von Grundwissen, Routinen ausführen;

AB 2 = erworbenes Wissen und bekannte Methoden verknüpfen, Zusammenhänge erkennen und nutzen;

AB 3 = Verallgemeinern und reflektieren, d. h. eigene Lösungsstrategien entwickeln, Interpretieren und Urteilen.

Innerhalb dieser Anforderungsbereiche ist es meinem Erachten nach möglich, methodisch zu variieren und Bildungsprozesse durch ästhetische Erfahrungsbildung zu initiieren. Im AB 1 geht es laut Handreichung vor allem darum, Wissen aus dem kognitiven Gedächtnis abzurufen. Um kreative und neue Lösungen für die Problemstellungen in AB 2 und AB 3 zu finden, ist es dringend erforderlich, auch die anderen Gedächtnisarten der Kinder anzuregen. Anhand eines Beispiels aus der Handreichung im Lernbereich Mathematik für Klasse 3/4 soll das verdeutlicht werden.

Mathematik (vgl. ebd., 23)

Bereich: Größen und Messen

Schwerpunkt: Sachsituation

Vorhaben: Beim Friseur: Preisvergleiche anstellen

Alle Anforderungsbereiche beziehen sich auf relevante Sachinformationen aus Texten, welche die Kinder zur Verfügung gestellt bekommen: Flyer der Friseure, Werbungen aus dem Internet oder der Zeitung. Die Kinder bekommen unterschiedliche Aufgabenstellung zum Vergleichen, Rechnen und Messen. Dabei sollen Lockangebote aufgedeckt werden und eine kritische Konsumhaltung gefördert werden. Die Lösung ist also für alle gleich, der günstigste Friseur ist der empfehlenswerte. Solch einseitige Lösungen ergeben sich, wenn ein Stoff nicht fächerübergreifend bearbeitet wird und sich das Thema auf rein kognitiv-rationales Denken der Mathematik beschränkt.

Vorschlag:

Relevant für eine Entscheidung, zu welchem Friseur das Kind gehen sollte, ist nicht nur die Kostenfrage. Aus diesem Thema könnte sich ein Projekt entwickeln. Es sollte beispielsweise auch um Fragen gehen wie:

Kannst du dich an einen Friseurbesuch erinnern? Mit welchen Gefühlen war er verbunden, z. B. angenehm oder unangenehm und woran hat das gelegen? Bist du in die Entscheidung über deinen Haarschnitt mit einbezogen worden? Bist du als Kunde freundlich behandelt worden? (emotionales Gedächtnis)

Wie hat es dort gerochen und warum? Was hast Du für Geräusche wahrgenommen? Wie hat sich das Frisieren oder Schneiden angefühlt? Durftest du dir ein Frisurenheft anschauen? Gab es etwas zu trinken? War der Stuhl bequem, musstest du lange ruhig sitzen, gab es eine Kopfmassage (sensorisches und Körpergedächtnis).

An dieser Stelle muss die ästhetische Erarbeitung immer noch kein Ende finden und kann fächerübergreifend für den Kunst- oder Sport- oder Deutschunterricht weiter vertieft werden, z. B.:

- Improvisations- und Rollenspiele entwickeln

- eigene Plakate und Flyer gestalten, mit den Inhalten, die für jeden persönlich wichtig sind

- Ausstellungen organisieren mit anschließender Befragung, welche Plakate ansprechend sind und warum

- Frisuren entwerfen

Kopf- und Gesichtsmassagen ausprobieren

Neben den Sachinformationen und den Rechenmöglichkeiten erfährt das Kind noch weitere wichtige Aspekte, die den *Wert* eines Friseurbesuches ausmachen. Vergleichen und messen ist auch in diesem Falle möglich. Die Kinder könnten lernen zu skalieren und das Ergebnis, für welchen Friseur man sich entscheidet, bliebe offen und wäre unabhängig von einer reinen Preiskalkulation. In einem Preis-Leistungsverhältnis sind nicht nur quantitative Leistungen ein Kriterium, sondern vor allem auch qualitative Leistungen. Es könnten Diskussionen beim Austausch der Arbeitsergebnisse und in der Interaktion mit den Schülern aus anderen Klassen entstehen, die deutlich machen, dass für jedes Kind unterschiedliche Aspekte bei Entscheidungen für oder gegen etwas wichtig sein können. Dadurch kann Identitätsfindung gefördert werden.

Durch diese Herangehensweise können die Kinder weitere Kompetenzen erwerben, die von der DeSeCo als Schlüsselkompetenzen definiert wurden. Die Kinder erleben in diesen Aktionen: 1. Interaktion in sozial heterogenen Gruppen und werden 2. vertraut mit einem Entwurf von Medien und Mitteln und mit der interaktiven Anwendung. Die autonome Handlungsfähigkeit, als weitere Schlüsselqualifikation von der DeSeCo deklariert, setzt eine persönliche Identität voraus. Persönliche Identität kann ein Kind jedoch nur erlangen, wenn es sich als Individuum erfährt. Dieser Prozess benötigt die Auseinandersetzung mit mir, meinem Körper, meinem Geist, meinen Empfindungen. Diese Darstellung bestätigt die Behauptung von Eberwein, viele Aspekte ästhetischer Erfahrung im Konzept der Schlüsselkompetenzen aufgehoben zu sehen.

Wesentliche Bedingungen für eine inklusive Didaktik werden im nächsten Kapitel vorgestellt.

Grundvoraussetzungen:

Neben veränderten Strukturen und äußeren Rahmenbedingungen ist die wichtigste Grundvoraussetzung inklusiver Erziehungs- und Bildungsarbeit ein Integrationsverständis, welches Bildungsziele wie Selbstbestimmung, Mitbestimmung und Solidaritätsfähigkeit in die pädagogische Grundhaltung impliziert. Die neuen Bildungsgrundsätze für Kinder im Alter von 0 bis 10 Jahren (MGFFI & MSW NRW, 2010) zeigen drei ineinander greifende Aspekte von Professionalität der Fach- und Lehrkräfte auf, die hier, in Bezug auf Inklusion, kurz erläutert und erweitert werden:

Professionelle Haltung – Professionelles Wissen – Professionelles Handeln

Inklusive Unterrichtgestaltung bedarf eines ganzheitlichen Bildungsverständnisses und der Grundhaltung, dass jedes Kind, sei es in seiner Entwicklung beeinträchtigt oder besonders begabt, einen individuellen Lernweg bestreitet. Deswegen müssen Kinder aktiv an der Gestaltung von Bildungsprozessen beteiligt werden. Lehrkräfte sollten es als ihre Aufgabe betrachten, diesen Lernwegen gerecht zu werden und Kinder als Akteure ihres Schulalltags annehmen. Wissensvermittlung über ästhetische Erfahrungsbildung zu ermöglichen setzt voraus, dass die Lehrkraft sich selbst mit ihren Wahrnehmungen und Erfahrungen auseinandersetzt, dass sie die subjektive Weltsicht des Kindes anerkennt und offen ist für neue Sichtweisen und Perspektiven. Jegliches Handeln muss gekennzeichnet sein durch den ökosystemischen Ansatz. Die Lehrkraft muss eine verlässliche Beziehungen zum Kind eingehen und Impulse setzen, um das Kind in der Weiterentwicklung seiner Fähigkeiten und Fertigkeiten zu unterstützen. Es muss die Bereitschaft zum Austausch mit anderen Fachkräften vorhanden sein, da in einer inklusiven Schule mehrere Fachdisziplinen zusammen kommen. Nur so besteht die Möglichkeit, ein Kind aus verschiedenen Blickwinkeln zu betrachten und individuelle Lehrpläne zu erstellen. Dadurch erweitern sich die eigenen Fachkompetenzen, beispielsweise in Bezug auf Heil-, Kindheits- und Sonderpädagogik.

Altersmischung:

Eine inklusive Schulklasse sollte jahrgangsübergreifend strukturiert sein. Das bedeutet, die Kinder der gesamten Grundschulphase (1. – 4. Schuljahr) befinden sich in einem Klassenverband, sowie Kinder mit sonderpädagogischem Förderbedarf. Die folgenden Ausführungen beziehen sich auf Erfahrungswerte der GGS Am Höfling (Aachen). Die Schule praktiziert das Konzept der Altersmischung in einigen Klassen bereits seit dem Jahre 2000 und aufgrund der positiven Rückmeldungen von Eltern und weiterführenden Schulen wird es bis zum Schuljahr 2012/13, nach Beschluss der Schulkonferenz, auf die ganze Schule ausgeweitet. Die Schulentwicklungsprozesse der GGS Am Höfling werden durch die Katholische Hochschule Aachen wissenschaftlich begleitet und evaluiert.

In einer altersgemischten Klasse hat ein Kind die Möglichkeit, sich nach seinem individuellen Lerntempo entwickeln zu können, ohne die Angst zu haben, den vertrauten Klassenverband verlassen zu müssen. Die Spanne der Begabungen kann genutzt werden, um das entwicklungsbedeutsame *voneinander und miteinander Lernen* zu fördern. In einer altersgleichen Klasse sind die Kinder oft auf ihre Rollen festgelegt und es ist schwer, die einmal eingenommene Rolle zu wechseln. In einer altersgemischten Klasse durchlaufen die Kinder unterschiedliche Rollen. In der Regel sind es die Jüngeren, die erst noch Unterstützung benötigen und die Älteren, die diese bieten können. Das hat entsprechende Wirkungen auf soziale Prozesse und das Selbstwertgefühl der Kinder. Da es dauerhaft heterogene Interessen in der Klasse gibt, fällt auch ein Kind nicht auf, welches sich vielleicht noch lieber mit Puppen beschäftigt, was aber in der dritten oder vierten Klasse durchaus belacht werden könnte. So kommt jedes Kind wesentlich leichter zu seiner Bedürfnisbefriedigung. Ebenso kann die Heterogenität im Leistungsbereich ihre Wirkung zeigen. Entspricht ein Kind mit 8 Jahren beispielsweise noch nicht den Bildungsstandards im mathematischen Bereich, gibt es in einer altersgemischten Klasse immer noch Kinder, denen es etwas zeigen kann. So kann es erleben, was es doch schon alles geschafft hat. In einer altersgleichen Klasse wird es sich stets mit den besseren Kindern vergleichen und die Lernmotivation kann schnell sinken. Umgekehrt ist auch voraus greifendes Lernen möglich. Durch tägliches, gemeinsames Kopfrechnen auf allen Niveaustufen, werden die Kinder neugierig und motiviert, auch ohne schon das konkrete Verständnis für bestimmte Rechenvorgänge zu besitzen. Es wird ihnen die Vielfältigkeit von Wissen eröffnet.

Kinder mit Beeinträchtigungen und Behinderungen, die besonders gefördert werden müssen, haben es in einer altersgemischten Klasse leichter, einen Arbeitspartner auf ähnlichem Arbeitsniveau zu finden. Es ist oft zu beobachten, dass die Lern- und Leistungsdifferenz ansteigt, je älter die Kinder werden. Während sie in einer altersgleichen Klasse permanent ihre Defizite erleben, sind sie bei der Altersmischung wesentlich öfter auch in der helfenden und wissenden Rolle zu finden. Durch die große Heterogenität werden auch Leistungsgrenzen und –stärken mehr geachtet und berücksichtigt. Es tritt wesentlich seltener ein Konkurrenzdenken auf. Insgesamt ist eine große Toleranz und Akzeptanz für *anderes Verhalten* zu beobachten.

Durch die offene Schuleingangsphase ist die gesetzliche Grundlage gegeben, dass ein Kind entweder in drei oder fünf Jahren seine Grundschulzeit absolvieren darf. Leider bleibt hier noch kritisch anzumerken, dass dies nicht für die Kinder mit sonderpädagogischen Förderbedarf gilt. Diese müssen die Grundschule bereits nach vier Jahren spätestens verlassen.

Forschendes und entdeckendes Lernen in Projektarbeit

Wenn wir von dem Grundverständnis ausgehen, dass ein Kind mit zunehmendem Alter seine Welt eigenständig erforscht, um Dinge zu erkunden und Zusammenhänge zu konstruieren, dass es Hypothesen aus seinen Erfahrungen ableitet, Fragen stellt und zur Beantwortung dieser das nutzt, was die soziale und die materielle Umwelt ihm zur Verfügung stellt, dann muss der Rückschluss gezogen werden, dass ein Kind immer weniger Wissen verabreicht bekommen muss und der Erwachsene eine neue Rolle im Bildungsgeschehen einnimmt. Die Lehrkraft wird zum Ermöglicher und Begleiter der Bildungsprozesse. Sie hat die Aufgabe, Rahmenbedingungen für forschendes und entdeckendes Lernen zu bieten. Dazu gehört zum einen ein vorstrukturierter Rahmen von Unterrichtseinheiten, zum anderen geht es um die alltäglichen Begebenheiten, zu jeder Zeit, an jedem Ort, in denen Kinder Entdeckungen machen dürfen, die für uns Erwachsene vielleicht schon völlig logisch erscheinen.

„Ein Individuum ist nicht nur dann originell, wenn es der Welt eine Entdeckung schenkt, die nie zuvor gemacht worden ist. Jedes Mal, wenn es wirklich eine Entdeckung macht, ist es originell, auch wenn tausende von Personen bereits ähnliche Entdeckungen gemacht haben. Der Wert einer Entdeckung im geistigen Leben eines Individuums ist der Beitrag, den sie zu einem kreativen, aktiven Geist macht; er hängt nicht davon ab, dass niemals jemals zuvor an dieselbe Idee gedacht hat" (Dewey, zitiert in Reich, Neubert, Voß 2001, 261).

Beispiele:

- Ein Brot, das unter dem Tisch vergessen wurde, trocknet zunächst aus, es verändert sein Aussehen, beginnt zu verderben.

- Die Blume, die nicht gegossen wird, lässt ihre Blätter hängen, verändert die Farben, trocknet aus und verwelkt. Vielleicht finden wir noch Samen, um eine neue Blume wachsen zu lassen.

- Der Tafellappen beginnt zu riechen, wenn er nicht gewaschen wird

Diese scheinbar banalen Entdeckungen können bedeutungsvolle Themen für ein projekthaftes ästhetisches Lernen sein. Damit ist ein Lernen mit curricularer Offenheit gemeint, welches den Raum bietet für Lernmitbestimmung, bei Themenbestimmung und der Lernzielfestlegung. In den genannten Beispielen können beobachtete Veränderungsprozesse Ideen zur Gestaltung hervorrufen und Fragen nach Ursachen aufwerfen. Die Einsichten und Lernzuwächse, die sich aus Alltagssituationen ergeben, sind nicht vorstrukturiert, sondern ergeben sich aus Beobachten, Erkunden, Erproben, Gestalten sowie der Versprachlichung und ästhetischem Denken (vgl. Brenne 2005, 6). Kinder erfahren in der Projektarbeit, neben den Fakten über biologische und chemische Prozesse, auch Zusammenhänge über ihr persönliches Handeln in Bezug zu dem, was mit Dingen oder Pflanzen geschieht. Sie können Erstaunen, Ekel, Neugierde etc. erleben und durch das Kommunizieren darüber ihre Denkprozesse strukturieren.

Veränderte Zeitstrukturen

Die zeitliche Struktur im Unterricht ist in der Regel in einem Stundenplan festgelegt. Wird der Unterrichtsgegenstand in Projektform erarbeitet, ist es möglich, dass zum Beispiel eine Doppelstunde Mathematik an einem bestimmten Tag nicht ausreicht. Die Planung sollte nicht an festen Unterrichtseinheiten ausgerichtet werden, sondern sich in Form von Tages- oder Wochenplänen strukturieren. Beim *Friseur* sind Exkursionen ebenso zu berücksichtigen, wie die Beschäftigung mit ästhetischen Produktionsprozessen. Starre Strukturen können kreative Prozesse und ästhetisches Denken hemmen oder sogar verhindern, da sich die Wirkung von ästhetischen Verfahren in keine zeitliche Struktur einbinden lässt. Natürlich müssen organisatorische Vorgaben eingehalten werden. Es gibt z. B. feste Zeiten für die Benutzung der Turn- oder Schwimmhalle. Mit dem Appell, starre Strukturen aufzubrechen, ist nicht gemeint, planlos in den Tag hinein zu gehen. Personal und Räume sowie die Wochenstundenzahl für die einzelnen Jahrgangsstufen sind Fixpunkte, die es zu beachten gilt. So könnte am ersten Tag im Projekt *Friseur* der Lerninhalt stärker auf die mathematischen Fähigkeiten gelegt werden, inklusive der

Qualitätsvergleiche unter Einbezug der unterschiedlichen Gedächtnisarten. Am nächsten Tag stehen dafür Rollen- und Improvisationsspiele und künstlerische Gestaltungsangebote (eigene Flyer oder Plakate, inklusive Ausstellung) auf dem Plan und an einem weiteren Tag könnten Schüler anderer Klassen zur Ausstellung eingeladen werden. Die Schüler sind aufgefordert, ihre Arbeiten vorzustellen und können sie im Gespräch mit den eingeladenen Schülern auf ihre ansprechende Wirkung überprüfen.

In dieser offenen Zeitgestaltung müssen die Lehrkräfte auf ein ausgewogenes Angebot in allen Bildungsbereichen achten.

Räume und Material

Die Schule nicht nur als Lernort zu erfahren, sondern auch als Lebensraum, ist ein wichtiges Ziel, welches bei der Gestaltung von Räumen beachtet werden muss. Eine Schule, die Kinder mit gestalten dürfen, ist eine Schule, in der sie sich wohl fühlen und für die sie ein gemeinsames Verantwortungsgefühl entwickeln können. Raum zum Miteinander, aber auch zum Rückzug muss vorhanden sein, um den Bedürfnissen der Kinder gerecht zu werden. Nicht alle Schulen sind so ausgestattet, dass genügend Nebenräume für jede Klasse vorhanden sind und dennoch soll zunächst ein Szenarium entworfen werden, dass meinem Erachten nach wünschenswert ist.

Ein Klassenraum mit zwei Nebenräumen stellt eine gute räumliche Basis dar. Der Klassenraum selbst bietet für jedes Kind einen Arbeitsplatz sowie zwei bis vier Computerarbeitsplätze. Es ist Spiel-, Konstruktions- und Arbeitsmaterial in ausreichenden Mengen vorhanden und für alle Kinder zugänglich. Ein Nebenraum soll als Gruppen- und Besprechungsraum dienen. Eine Sitzgruppe ist so angeordnet, dass hier Gesprächsrunden mit allen Kindern gleichzeitig stattfinden können. Zwei Bodentische bieten Möglichkeiten für Kleingruppenarbeit. Der zweite Nebenraum sollte Werkraumcharakter haben. Hier werden alle Werkstoffe: Materie, Material und Dinge aufbewahrt, die zur kreativen Arbeit benötigt werden. Andreas Duderstadt hat in Anlehnung an die aristotelischen Begrifflichkeiten *Hyle, Sterisis, Morphe* ein dreistufiges Modell entwickelt, welches an dieser Stelle kurz erläutert wird (vgl., Duderstadt, 1997, 75-78):

Materie: Naturstoff aus der belebten oder unbelebten Natur, der in seiner Substanz, Form, Oberfläche und Farbe vom Menschen nicht verändert wurde, wie Lehm, Gewölle, Äste, Steine, Rinde Federn, Findlinge...

Material: vom Menschen zugerichteter Rohstoff, der für sich noch keinen Wert hat, sondern für die Weiterverarbeitung bestimmt ist. Ein final bestimmter Rohstoff im *Wartezustand* zwischen Natur und Formung. Kennzeichnende Bezeichnung ist Werk- oder Rohstoff, z. B. Gesteinsquader, Holzbalken, Wolle ...

vom Menschen geformtes Ding: aus dem Alltag oder der Kunstsphäre

Wünschenswert sind Tischstaffeleien, eine freie Wand, um großflächig arbeiten zu können und eine Werkbank inklusive Werkzeug und Eisenwaren. Zusätzlich sollte Ausstellungsfläche für die fertigen Werke und genügend Ablagefläche für Werke in Produktion vorhanden sein.

Die meisten Schulen sind zurzeit noch ohne oder nur mit kleinen Nebenräumen ausgestattet. In diesem Falle gilt es andere Lösungen zu finden, um den Kindern Raum für ihre Entwicklung zu geben. Ist nur ein Klassenraum vorhanden, sollte eine Raumecke so gestaltet sein, dass sie sich vom restlichen Klassenraum abgrenzt, Sitzplätze für jedes Kind in einer Runde bietet und eine gemütliche Atmosphäre ausstrahlt. Eine andere Ecke dient als Gestaltungsecke. Hier werden die Werkstoffe und Materialien aufbewahrt, die jedes Kind dann an seinem Arbeitsplatz verwerten kann.

Auf den Fluren könnten Computerplätze eingerichtet werden, zur Nutzung von jeweils zwei Klassen. Der Schulhof sollte in die Raumplanung einbezogen werden. Jede Klasse gestaltet einen Bereich für sich, als Erweiterung des Klassenraumes, optimaler weise mit Überdachung. Als Sitzgelegenheiten könnten Baumstämme oder einfache Sitzbänke dienen. Sandkästen, ein Atrium, ein Garten oder ein Biotop sind Räume, die in die Unterrichtsplanung einbezogen werden sollten.

Auch an dieser Stelle soll nochmals erwähnt werden, dass der Einbezug des Lebensraumes außerhalb des Schulgeländes, das Spektrum von Lernorten enorm erweitert und bereichert. Die Bibliothek, ein Theater, Galerien, der

Wochenmarkt, eine Schreinerei, die Feuerwehr, ein Park, die Kapelle oder auch ein Friedhof können zu Bildungsorten werden, wenn sie in die Unterrichtsinhalte einbezogen werden und die Kinder sie erleben und erfahren dürfen. In einer altersgemischten Klasse ist es gut praktizierbar, auch mit Kindern unterwegs zu sein, die Unterstützung brauchen oder auf Hilfsmittel (Rollstuhl, Gehhilfen) angewiesen sind. Die älteren Kinder sind bereits gut in der Lage, in die Rolle eines Begleiters zu schlüpfen und entsprechende Unterstützung zu bieten.

Methodische Mittel zur Förderung ästhetischen Verhaltens

„Ästhetisches Verhalten ist ein aktives Element der ästhetischen Erfahrung im Umgang mit der dinglichen und personalen äußeren Welt, die das Individuum in Beziehung zu sich setzt" (Brenne 2005, 11).

Andreas Brenne betont, dass Ästhetische Erfahrung als Element einer basalen kindlichen Bildung auch im Grundschulalter besonders berücksichtigt werden muss, da die Aneignung von vorstrukturierten Lerninhalten nur dann möglich wird, wenn die Bedeutsamkeit für das eigene Dasein anerkannt wird. Kinder in diesem Alter sind bestrebt, bekannte Muster in der äußeren Welt zu entdecken, um Sicherheit in ihrem Dasein zu erhalten (vgl. ebd.). Folglich ist der Alltagsbezug der entsprechenden Mittel Voraussetzung dafür, erst einmal bekannte Muster entdecken zu können. In diesem Prozess machen Kinder stets neue Erfahrungen, die strukturiert und differenziert werden müssen. Um sie in der ständigen Weiterentwicklung des ästhetischen Denkens und des ästhetischen Verhaltens zu unterstützen, müssen wir entsprechende Methoden und Mittel anwenden und anbieten.

Bewegung als Grundbedürfnis des Kindes anzuerkennen und die Zusammenhänge zwischen kognitiver und körperlicher Entwicklung zu sehen, ist eine wichtige Voraussetzung dafür, kindliche Bildungs- und Entwicklungsprozesse zu fördern. Die Anzahl der natürlichen Bewegungsräume in der nahen Umgebung verkleinert sich kontinuierlich und um den Bewegungsmangel zu kompensieren, reicht zweimal wöchentlicher Sportunterricht nicht aus. Bewegungsangebote müssen den gesamten Schulalltag durchziehen und mit allen Fächern verbunden sein. Beispielsweise erfahren

Kinder in der Bewegung räumliche Orientierung, die sie benötigen, um bestimmte Rechenvorgänge durchführen zu können. Außerdem bilden sie grob- und feinmotorische Fertigkeiten aus, lernen ihre Fähigkeiten und Grenzen einzuschätzen und treten in Kontakt zueinander.

Bildungsprozesse durch Spiel

Spiel ist das zentrale Mittel von Kindern, sich ihre Welt anzueignen und Wahrnehmungen zu verarbeiten und zu strukturieren (Bildungsempfehlungen 2010, 20). Es entwickelt sich aus der Nachahmung. Das Kind versetzt sich in Situationen, in andere Personen oder auch in Tiere hinein und spielt deren Muster nach. Dabei entstehen seine eigenen Empfindungen, die das Spiel wiederum beeinflussen. In diesem stetigen Veränderungsprozess hat das Kind die Möglichkeit, Distanz zu sich selbst zu gewinnen und ein eigenes Selbstbild zu entwickeln. Psychologische Untersuchungen von z. B. Heinz Heckhausen belegen, dass Spiel Teil des Selbstbildungsprozesses ist. (vgl. Brenne 2005, 12). In der spielerischen Aktivität benutzen die Kinder *„alle Formen körperlich-sinnlicher Erfahrung, dem sprachlichen Denkens, bildhafter Vorstellungen und subjektiver Fantasien sowie des sozialen Austausches und der Verständigung"* (Schäfer 2008a, 91). Kinder sehen immer einen Sinn in ihren spielerischen Aktivitäten und die bildenden Momente findet man in der Art und Weise der Welterfahrung, die nicht in isolierte Funktionsbereiche aufgespalten werden (vgl. Schäfer 2008a, 91).

Besonders Improvisationsspiele sollen in diesem Zusammenhang als Mittel für inklusiven Unterricht hervorgehoben werden. Kinder, die noch in ihrer Selbstständigkeit gefördert werden müssen, können in der Improvisation ihre Wirksamkeit erfahren, sich erproben und sich als Teil der Gemeinschaft erleben. Es gibt kein falsch oder richtig, sie lernen aus der Zuschauer- und aus der Spielerperspektive und können Verhalten ausprobieren. Erwachsene können sich gerne beteiligen und so auf einer anderen Ebene Kontakt und Beziehung herstellen. Rollen können getauscht werden, sodass es möglich wird, sich selbst einmal in einem anderen Verhältnis zur Wirklichkeit zu sehen. Neben den körperlichen und geistigen Fähigkeiten erwerben die Kinder Kompetenzen wie Spontaneität, Flexibilität und Kommunikationsfähigkeit. Ihr Selbstvertrauen kann sich steigern, indem sie vor einer Gruppe agieren. Sie erfahren Grenzen, da ihre eigene Freiheit in gemeinsam vereinbarten Regeln eingeschränkt wird, im

Sinne eines demokratischen Grundprinzips. *„Das Sich –Üben im Improvisieren ist eine Art Vorschule für demokratische Verhaltensweisen"* (Duderstadt 2003, 213).

Im Deutsch-Unterricht eignen sich z. B. Geschichten mit offenem Schluss hervorragend, um sich im Improvisieren zu üben und auf diese Weise spielerisch Probleme zu lösen.

Gestalten als Mittel der Ausdrucksfähigkeit und Kommunikation

Gestalten und Spielen gehören unmittelbar zusammen, wobei im kindlichen Gestalten die Stofflichkeit eine starke Bedeutung bekommt. Gestaltprozesse erfolgen entlang von Material- und Stofferfahrungen, die dem Kind durch seine Umgebung ermöglicht werden.

Malen und Zeichnen

Das Kind beginnt schon sehr früh zu entdecken, dass es Spuren hinterlassen kann, aus denen sich die ersten Zeichnungen entwickeln. Gerd Schäfer sieht im bildnerischen Gestalten eine Weiterentwicklung des kindlichen Spiels (vgl. Brenne 2005, 14). Damit ist nicht die grafische Umsetzung der visuell ablesbaren Struktur gemeint, wie in der traditionellen Kunstdidaktik, vergleiche Pestalozzi, sondern die Aneignung von Wirklichkeit durch die umfassende sinnliche Auseinandersetzung mit der Realität. Das Kind geht eine Beziehung ein mit dem, was es sich anschaut, also mit der äußeren Welt, oder auch mit seinem inneren Bild von Welt, mit seinen Imaginationen. Es schöpft aus seiner Fantasie, die Teil seiner Vorstellungswelt ist und wird zum Denken angeregt. Unterschiedliche Mal- und Zeichenutensilien sind erforderlich, da es einen Unterschied gibt, zwischen der Wirkung von großflächigen Malereien und strukturierten Zeichnungen. Mit Stiften erfahren die Kinder die Konturen, mit Pinseln und Schwämmen die Fläche, mit Farben die Atmosphären und Kontraste und mit grafischen Mitteln die Strukturen (vgl. Schäfer 2008a, 93).

In einer inklusiven Klasse brauchen manche Kinder noch basale Erfahrungen mit Fingerfarben oder Kleister auf großen Flächen. Wahrnehmungs- und Verarbeitungsprozesse werden durch beidhändiges Arbeiten und dem Überschreiten der Mittellinie gefördert. Dies ist auch für Kinder von Vorteil, deren Stift- und Körperhaltung eher verkrampft ist.

Basteln

Andreas Brenne versteht Basteln als *„ein von Improvisation geprägtes spontanes Gestalten mit diversen Materialien, die der natürlichen Umwelt und kulturellen Umwelt des Kindes entnommen sind"* (Brenne 2005, 13). Basteln kann meiner Meinung nach in der Unterrichtstätigkeit auch zielgerichtet und mit einem Thema verbunden sein. Damit dennoch jedes Kind seine eigene individuelle Idee entwickeln und produzieren kann, ist es notwendig, dass eine große Auswahl an Utensilien und Materialien zur Verfügung gestellt wird und die Vorstellung vom fertigen Produkt nicht festgelegt ist. Idee und Material muss auf die unterschiedlichen Möglichkeiten und Fertigkeiten der Kinder in einer inklusiven Klasse ausgerichtet sein.

Bauen, Konstruieren, Werken

Kinder setzen sich beim Bauen mit ihrer räumlichen Umwelt auseinander. Sie konstruieren Spielorte, die eine fantasierte Wirklichkeit darstellen sollen. Sie benutzen dabei Alltagsgegenstände wie Stühle, Tische, Decken, etc. oder gesammelte Naturmaterialien wie Äste oder Steine, die umgestaltet und in einem neuen Kontext zusammengefügt werden. Mit Schrauben, Nägeln, Werkzeug und unterschiedlichen Werkmaterialien ist es ihnen je nach Entwicklungsstand möglich, ihre handwerklichen Fähigkeiten zu üben. Sie entwerfen Pläne und lassen neue Spielzeuge entstehen, auch mit Konstruktionsmaterialien, wie Baufix, Lego oder Ähnlichem. Da Bauen und Konstruieren eine zielgerichtete Tätigkeit darstellt (vgl. Brenne 2005, 13), werden neben den technischen Fertigkeiten auch Kompetenzen gefördert, wie planvolles und problemlösungsorientiertes Handeln. In einer inklusiven Klasse lernen Kinder sich gegenseitig zu unterstützen und die Ressourcen des Anderen wahrzunehmen und zu nutzen. Kommunikation ist dabei ein wichtiges Element. Aus diesem Grund bietet es sich an, Bauen und Konstruieren situativ in die Unterrichtsplanung einzubeziehen.

musikalisches Handeln und Gestalten

An der musikalischen Entwicklung sind das Hören, die Stimme, die Bewegung und die Körperrhythmen beteiligt (vgl. Schäfer 2008a, 95). Das Gehör stellt sich auf die Klangwelten seiner natürlichen und kulturellen Umwelt ein. Dadurch differenziert es sich unterschiedlich, je nach Gebrauch und entwickelt eine subjektive Sensibilität. Schon das Erlernen der Sprache ist eine musikalische Handlung, da unsere Stimme aus Tönen (Vokale) und Geräuschen (Konsonanten/Konsonantenverbindungen) besteht. Kinder reagieren auf Musik oftmals spontan mit Bewegung. Der Zusammenhang ist schon bei Säuglingen und Kleinkindern unverkennbar.

Das musikalisch-ästhetische Denken ist bei Kindern *„nicht auf die Wahrnehmung größerer kompositorischer Zusammenhänge (...) angelegt, stattdessen liegt der Fokus der Aufmerksamkeit auf der Wahrnehmung und Hervorbringung momentanen musikalischen Geschehens"* (Brenne 2005, 15). Um die musikalische Entwicklung zu fördern, brauchen Kinder *„reichhaltige Körpererfahrungen bei unterschiedlichen Aufgabenstellungen: Erleben von Rhythmen, Geschwindigkeiten, Zeiten; Möglichkeiten der Imitation; visuelle, akustische, körperliche Möglichkeiten, sich Räume zu erschließen; Aufmerksamkeit für die Gefühle, welche die kindlichen Tätigkeiten begleiten; Verbindungen zwischen den Bewegungsformen des Körpers, den Rhythmen des Sprechens und Singens sowie dem klanglichen Auf und Ab der Melodiekonturen"* (Schäfer 2008a, 102). Um auch in der Schule all diese Erfahrungen machen zu können, ist es wichtig, eine Atmosphäre zu schaffen, in welcher Klänge, Geräusche und Stille hörbar sind. Es muss darauf geachtet werden, dass auch bei recht großen Klassen eine bestimmte Lautstärke nicht überschritten werden darf, dass die Kinder angeregt werden, auch still zu sein und diese Momente genießen lernen. Sie sollen sich über die Wirkung und Auswirkung von Musik auf die eigene Stimmung, auf die eigene Emotionalität oder auch Konzentrationsfähigkeit bewusst werden. Gerade Kinder, die Schwierigkeiten haben, sich über sprachliche Mittel auszudrücken, könnten in der Bewegung zur Musik, oder beim Spielen eines Instrumentes, bevorzugt Trommel, eine alternative Möglichkeit finden, sich mitzuteilen. Musikalisches Handeln sollte also in Verbindung gebracht werden mit anderen Tätigkeiten wie Tanzen, Spielen, Improvisationen (evtl. auch mit Instrumenten). Es sollte eingebettet werden in zwischenmenschliche Beziehung und Interaktionen fördern. Musikalisches Gestalten ist von fundamentaler Wichtigkeit in der Bildungsarbeit, da es in besonderem Maße an den Interessen der Kinder anknüpft. Alle hören gerne Musik, sei es Kinderlieder, Rock/Pop oder ganz aktuell ist der Rap und viele produzieren sie auch, im Chor oder durch das Erlernen eines Instrumentes. Im Unterricht könnten die Kinder angeregt werden, Antworten doch einmal zu singen oder zu Tanzen. Wie tanzt man eine Zahl 36 oder buchstabiert *rappender* Weise das Wort Klassenzimmer? Es gibt viele Möglichkeiten musikalische Elemente einzusetzen. Vom akustischen Signal zum alltäglichen Begrüßungssong, von der Entspannungsmusik zum Mitmachkonzert, während einer Malaktion oder selbst in der Mathematik, um z. B. Brüche durch Noten zu erfahren, um nur einige zu nennen.

Unterrichtsstruktur

Gemeinsamer, inklusiver Unterricht sollte im Ergebnis folgende Prinzipien aufweisen:

- Individuellen Förderbedürfnissen gerecht werden, durch differenzierte Lern- und Förderangebote

- Ausrichtung der Themen und Inhalte an der Erfahrungswelt der SchülerInnen

- ästhetische Erfahrungsbildung als Grundlage für alle weiteren Bildungsprozesse

- Auseinandersetzung mit dem gemeinsamen Lerngegenstand in einer handlungsorientieren Art und Weise

- Lernen in Sozialformen, also miteinander und voneinander; Lernen als vorangige Methode (bevorzugt Altersmischung der Klassen)

- Zusammenhänge und Vernetzungen der einzelnen Fächer anstreben

- Multiprofessionelle Ausrichtung des Personals; Kooperationen anstreben

Die folgende, grobe Struktur kann als Leitfaden für die Planung der Bildungsarbeit betrachtet werden:

1. Lebens- und Erlebenswelt der Kinder kennenlernen
2. Feststellen, welches Thema gemeinsamer Unterrichtsgegenstand werden könnte, in Beteiligung der Kinder, orientiert an den entsprechenden Interessen
3. Planung von Projekteinheiten in Einbezug möglichst aller Unterrichtsfächer
4. Bereitstellen und gemeinsames Sammeln und Ordnen von Materie, Materialien oder Dingen zur ästhetischen Erarbeitung entsprechender Themen. Dabei spielt Vielfältigkeit eine große Rolle
5. Eine Atmosphäre schaffen, in welcher sich die Kinder entspannen und konzentrieren können. (z. B. Raumgestaltung, angenehme Lautstärke, Anbieten von dynamischen Spielen oder Entspannungsangeboten, Fehlerfreundlichkeit)
6. Arbeitsphase: Die Kinder arbeiten in Einzel-, Partner-, oder Gruppenarbeit mit ästhetischen Mitteln
7. Unterschiedliche Arbeitsergebnisse kommunizieren (keine Festlegung auf das Symbol Sprache). Die Vorgehensweise während der Arbeitsphase sollte dabei ebenso thematisiert werden
8. Ergebnisse und Arbeitswege der Anderen in Beziehung zu den persönlichen stellen und daraus eventuell neue Schlüsse ziehen
9. Hausaufgaben gemeinsam entwickeln
10. Lehrkraft dokumentiert im Austausch mit anderen Fachkräften die Entwicklungsprozesse der einzelnen Kinder und formuliert individuelle Lehrpläne.

Ein Kind bildet sich ohne Unterlass. Jedoch in dem Augenblick, wo es den Schulhof betritt, liegt es in schulischer Verantwortung, Bildungsprozesse zu gestalten. Der folgende exemplarische Tagesablauf soll den Gedanken verdeutlichen, auch Bildungsanlässe wahrzunehmen und zu nutzen, die nicht im Lehrplan festgeschrieben sind. Die Spalte: „Leitidee" enthält mögliche Erfahrungswerte, die nur als Beispiel dienen und keinen Anspruch auf Vollständigkeit haben.

Exemplarischer Tagesablauf einer inklusiven Halbtagsschule mit OGS:

Uhrzeit	Aktion	Methode	Leitidee
7:30	offener Unterrichtsbeginn	Eine Aufsicht begrüßt die Kinder im Eingangsbereich und spricht ab, wo sie die Zeit bis zum Unterricht verbringen wollen. Sie können wählen, ob sie auf dem Schulhof bleiben oder im Klassenraum frühstücken, spielen, lesen,	Entspannter Einstieg in den Tag, Grundbedürfnisse werden befriedigt, Zeit zum Austausch ist vorhanden, vor dem Unterrichtsbeginn: So ist später eine höhere Konzentrationsfähigkeit wahrscheinlich.

Zeit			
		arbeiten, quatschen wollen.	K. erfahren: Wichtigkeit, Aufmerksamkeit, Beteiligung, Selbstbestimmung
8:00	Treffen im Nebenraum in der Runde	Im Morgenkreis hat jedes Kind die Möglichkeit, etwas zu erzählen, alles ist erlaubt, keine thematische Einbindung. An dieser Stelle können Ideen für Lerngegenstände aus dem Lebensbezug gewonnen werden.	Jedes Kind wird schon zu Beginn des Tages von jedem wahrgenommen. Es darf seinem Mitteilungsdrang nachgeben, übt sich in der Ausdrucksfähigkeit und im Zuhören, kann teilhaben an den Erlebnissen, Gedanken, Stimmungen der Anderen. K. erfahren: Vielfältigkeit, Aufmerksamkeit, Empathie
8:25	Gemeinsames Kopfrechnen oder thematisches Ratespiel	Die Lehrkräfte stellen Rechenaufgaben auf allen Niveaustufen oder stellen Quizfragen zu Themen, die an den Vortagen erarbeitet wurden, (kein Wettkampfcharakter, jeder hat genügend Zeit). Hier besteht die Möglichkeit, Fragen zu stellen, die sich auf die unterschiedlichen Gedächtnisarten beziehen, um Kinder zu unterstützen, sich zu erinnern.	Jedes Kind wird spielerisch gefordert auf seinem Niveau: Spornt an, die nächste Entwicklungsstufe zu erreichen. Beim Ratespiel kann die Lehrkraft überprüfen, ob Lerninhalte verstanden und gespeichert wurden. Eine erneute Wissenserweiterung und -vertiefung ist für Kinder möglich, die mehrere Wiederholungen brauchen, um Informationen abzuspeichern. K. erfahren: Spielfreude, sich selbst als Wissende
8:55	Arbeiten am individuellen Lehrplan	Jedes Kind begibt sich an seinen Arbeitsplatz und beginnt selbstständig mit der Arbeit. Es entscheidet sich für ein Fach aus seinem Wochenplan, an welchem es arbeiten will. Die Lehrkräfte haben die Möglichkeit individuelle Hilfestellung zu leisten und sich Hausaufgaben anzuschauen.	Der Wochenplan lässt unterschiedliche Arbeitsweisen zu. Auch Gruppen- oder Partnerarbeiten sind möglich. Kinder, die noch Unterstützung benötigen haben die Möglichkeit, diese einzufordern. K. erfahren: Eigenständigkeit, Eigenverantwortung, Planungsfähigkeit
9:25	Frühstück in der Klasse	Die Kinder verzehren ihr Pausenbrot in der Klasse. Getränke stehen zur Verfügung. Unterhaltungen zum Thema Frühstück sind erwünscht, z. B.: Benennen der Lebensmittel und ihrer Nährwerte oder ihres Geschmackes, Vorlieben austauschen...	Diese Methode gewährleistet, dass kein Kind vor lauter Spielen vergisst, zu essen oder zu trinken. Kinder erfahren: Essen als bewussten Vorgang, Genussfähigkeit
9:30	Pause	Aufsicht = AnsprechpartnerIn	Inklusivität bedeutet die intensive

	auf dem Schulhof	SchulbegleiterInnen, Lehrkräfte und weitere Fachkräfte sind auch in den Pausen gefordert, die Kinder zu begleiten. (entsprechende Anzahl nötig).	Betreuung von Kindern auf dem Schulhof, gemeinsame Spielsituationen schaffen oder Gespräche anregen. K. erfahren: ihren Körper in Bewegung, Spannungsabbau, Grenzen und Möglichkeiten, Freude am Spiel oder Gespräch
10:00	Dynamische Übung	z. B. stellen wir uns vor, einen Luftballon aufzupusten (Atmung tief ein und aus) und lassen ihn fliegen, oder wir klopfen den Körper wach.	Zur Wiederherstellung der Aufmerksamkeit und der körperlichen Entspannung. Mein Körper und mein Geist sind jetzt wieder hier beim Unterricht. K. erfahren: ihren Körper und Körpergrenzen, bewusste Atmung, Herzschlag
10:05	Unterrichtsfach - Deutsch Bereich: Phonologische Bewusstheit Thema: A E I O U Wir lassen uns von einem Vokal inspirieren und stellen uns unsere Ideen gegenseitig vor	- Gruppenarbeit mit fünf Kindern, jede Gruppe darf sich einen Vokal aussuchen und sich irgendetwas zu diesem Buchstaben überlegen, alle Räume können genutzt werden, auch der Schulhof. - Die Gruppen können altersgemischt oder altersgleich sein. Dieser Auftrag kann auch durchaus von einer Gruppe jüngerer Kinder ausgeführt werden. Die Lehrkräfte haben die Aufgabe, sich an der Gruppenarbeit mit ihren Inspirationen zu beteiligen, falls die Kinder den Wunsch anmelden oder Impulse benötigen. - Vorstellen der Ideen im Klassenverband. Dazu sucht man die Orte auf, wo die Kinder gearbeitet haben. Gemeinsam werden Hausaufgaben überlegt. Dabei stellen die Kinder sich die Frage, woran möchte ich weiter arbeiten. Vielleicht möchte ich etwas Schreiben, oder recherchieren woher der Begriff Vokal stammt;	Förderung von Fantasie und Vorstellungskraft: Die Kinder können Ideen entwickeln wie z.B.: Sachensuche mit O, eine Geschichte mit A-Wörtern erfinden, ein U bauen oder basteln oder werken, einen Indianertanz erfinden, ein Elefantenbild malen... In der Arbeit mit Gruppen erweitern sich soziale Kompetenzen, wie Kooperationsfähigkeit, konstruktive Mitgestaltung von Gruppenprozessen, Übernahme von Verantwortung, Zuhören, Pläne entwickeln und gemeinsames Ausprobieren, sich mit anderen Gruppen einigen, Rücksichtnahme. Die Kinder erleben Vielfalt, jedes Ergebnis wird gewürdigt, Hausaufgaben werden zu Interessenaufgaben.

		gibt es Vokale in anderen Sprachen? Wo kommt der Ton her, wenn ich ihn spreche...	Gefördert werden Kompetenzen wie: Präsentieren, Reflektieren, Kommunizieren, Gestalten und weitere schöpferische Tätigkeiten
11:30	Pause und erste Verabschiedung	Die ersten Kinder haben Schulschluss und werden vor der Pause von allen verabschiedet. Dazu kann ein gemeinsames Ritual entwickelt werden. Es werden die Kinder unterstützt, die noch Hilfe benötigen beim Anziehen oder zum Fahrdienst begleitet werden müssen.	Begrüßung und Verabschiedung gehören zu einer freundlichen Kultur im Umgang miteinander. K. erfahren: Umgangsformen, Unterstützung, dass sie unterstützen können, Selbstwirksamkeit, Dankbarkeit
11:50 bis 13:15	Klassenübergreifender und differenzierender Unterricht möglich, z. B. Religion	Die älteren Schulkinder haben mehr Schulstunden, sodass diese Zeit genutzt werden kann Lernangebote zu organisieren, die sich am Bedarf der älteren Kinder orientieren: AGs, Sport nur für Mädchen oder Englisch in einer altersgleichen Gruppe, oder Kunstunterricht...	Neue Lernsituationen schaffen, weitere Kontakte mit den Kindern der anderen Klassen fördern, Erfahrungen beziehen sich auf die angebotenen Fächer sowie auf weitere soziale Beziehungen (SchülerInnen, LehrerInnen) außerhalb des Klassenverbandes
ab 13:15	Verabschiedung, evtl. Besuch der OGS	Gemeinsames Aufräumen, Dienste erledigen wie Blumenpflege, Stühle hochstellen, Kakaodienst etc.	Wer beteiligt wird an der gemeinsamen Verantwortung für Räume und Material, der kann eine Wertschätzung zu Dingen entwickeln. K. erfahren: Mitverantwortlichkeit und Pflichten

Die Möglichkeiten in einer gebundenen Ganztagsschule, vor allem in der Zeitstruktur, sind wesentlich vielfältiger. Die Projektarbeit kann sich auf den Nachmittag ausdehnen und im Sinne Mollenhauers ist mehr Zeit vorhanden, sich z. B. mit einem ästhetischen Objekt in Beziehung zu setzen. Vor allem der Prozess in der Aufmerksamkeit auf mich selbst könnte mehr Raum bekommen und ästhetische Wirkungen hervorrufen. Exkursionen könnten ohne Probleme auf den ganzen Tag ausgedehnt werden und die Phasen des freien Spiels beschränkten sich nicht mehr auf die Pausen oder die Zeit vor dem Unterricht und in der OGS, die ja auch nur von einem Teil der Kinder genutzt wird.

Zusammenfassung – Fazit

Zusammenfassend bleibt festzustellen, dass die gesamte Inklusionsdebatte in Haushaltsvorbehalte und frühe Außendifferenzierung eingebunden ist. Genau betrachtet ist die Integrationspädagogik ein Teil des selektierenden Schulsystems. Selbst neue Konzepte, wie die Errichtung von Kompetenzzentren, stellen eine Entwicklung dar, die in Bezug auf Inklusion kritisch zu überprüfen bleibt. Nur Kinder, die *integrierbar* sind, wer auch immer diesen Begriff bestimmen und definieren mag, dürfen am Gemeinsamen Unterricht teilnehmen. Wenn wir nach den Grenzen des Gemeinsamen Unterrichtes suchen, dann finden wir sie vorrangig in uns selbst, in unserer persönlichen ethischen Grundhaltung und in dem Gesellschaftsentwurf, den wir gemeinsam tragen (vgl. Heimlich 2004, 292).

Um einen wirklichen Paradigmenwechsel anzukurbeln, benötigen wir ein Bildungssystem für *Alle,* welches die Passung zwischen Bildungsangeboten und den Bedürfnissen und Kompetenzen der Kinder gewährleistet. Zum jetzigen Zeitpunkt ist das nur in wenigen Schulen gegeben. Meinem Erachten nach ist aber das gemeinsame Leben und Lernen in der Kindheit die Voraussetzung dafür, sich von einer segregierenden zu einer inklusiven Kultur und Gesellschaft entwickeln zu können. Diese Arbeit birgt Möglichkeiten, theoretischen Ansätze der inklusiven Pädagogik in einem bestehenden System praktisch Umsetzbar zu machen. Dabei wird deutlich, welche Schlüsselfunktion die Ästhetische Bildung einnimmt, sei es in der Auseinandersetzung mit kunstförmigen Objekten oder durch die Ästhetische Erfahrungsbildung.

Ästhetische Bildung kann Kindern und Jugendlichen aus der Perspektivenlosigkeit helfen, indem durch sie persönliche Ressourcen spürbar werden und sie lernen, dass sie ihre Wirklichkeit selbst gestalten können.

Abschließend soll darauf hingewiesen werden, dass ErzieherInnen mit einem Studium zur Kindheitspädagogik mit dem Schwerpunkt *heilpädagogische Entwicklungsbegleitung bei Kindern mit besonderem Förderbedarf* einen großen Beitrag zur Multiprofessionalität in der Grundschule leisten können. Sich für die Kompetenzen der KindheitspädagogInnen in der Grundschule zu öffnen, würde meiner Meinung nach eine Qualitätssteigerung der Bildungsarbeit mit sich bringen, und gleichzeitig Lehrkräfte entlasten.

Literaturverzeichnis

Aissen-Crewett, Meike: Ästhetisch-aisthetische Erziehung. Zur Grundlegung einer Pädagogik der Künste und der Sinne, Potsdam 2000

Arnold, Rolf; Gómez Tutor, Claudia: Grundlinien einer Ermöglichungsdidaktik: Bildung ermöglichen - Vielfalt gestalten, Augsburg 2007

Biewer, Gottfried: „Inclusive Education" - Effektivitätssteigerung von Bildungsinstitutionen oder Verlust heilpädagogischer Standards? In: Zeitschrift 3, Würzburg 2005, S.101 – 108

Boban, Ines; Hinz, Andreas: Index für Inklusion - Lernen und Teilhabe in Schulen der Vielfalt entwickeln, Halle 2003

Bockhorst, Hildegard: Kulturelle Bildung - Schlüsselkompetenzen für die Kunst des Lebens, in: BKJ (Hrsg.), Kulturelle Bildung und Lebenskunst, Remscheid 2001

Bronfenbrenner, Urie: Die Ökologie der menschlichen Entwicklung. Stuttgart 1981

Bundschuh, Konrad: Sonderpädagogische Diagnostik und geeigneter Förderort - Eine Herausforderung zukünftiger Entwicklungen, in: Mutzeck, Wolfgang (Hrsg.): Förderdiagnostik. Konzepte und Methoden, Weinheim & Basel 2002, S. 25 – 38

Duderstadt, Matthias: Ästhetik und Stofflichkeit. Ein Beitrag zur elementaren Bildung, Weinheim 1997

Duderstadt, Matthias: Improvisation und ästhetische Bildung. Ein Beitrag zur ästhetischen Forschung, Köln, 2003)

Eberwein, Hans; Knauer, Sabine (Hrsg.): Integrationspädagogik. Kinder mit und ohne Beeinträchtigung lernen zusammen, Weinheim/Basel 2002

Eberwein, Hans; Knauer, Sabine: Integrationspädagogik als Ansatz zur Überwindung pädagogischer Kategorisierung und schulischer Systeme, in: Eberwein, Hans; Knauer, Sabine (Hrsg.): Integrationspädagogik. Kinder mit und ohne Beeinträchtigung lernen zusammen, Weinheim/Basel 2002

Edelstein, Wolfgang: Demokratisierung ästhetischer Bildung in der Schule, in: Bilstein; J., Dornberg, B., Kneip, W. (Hrg.): Curriculum des Unwägbaren Oberhausen 2007 (Pädagogik: Perspektiven und Theorien, Band 8) S. 67-82

Feuser, Georg: Behinderte Kinder und Jugendliche - Zwischen Integration und Aussonderung, Wissenschaftliche Buchgesellschaft Darmstadt 1995

Feuser, Georg: Was bringt uns der Inklusionsbegriff? Perspektiven einer inklusiven Pädagogik, in: Bildung, Lernen und Entwicklung. Dimensionen professioneller (Selbst-) Vergewisserung Bad Heilbrunn 2006

Fischer, Erhard: Wahrnehmungsförderung. Handeln und Sinnliche Erkenntnis bei Kindern und Jugendlichen, Dortmund 1998

Heimlich, Ulrich: Wandel als Entgrenzung, in: Den Wandel gestalten - Heilpädagogik in Aktion, Berlin 2007, S. 55-69

Heimlich, Ulrich: Didaktische Konzepte für den zieldifferenten Gemeinsamen Unterricht in: Zeitschrift für Heilpädagogik 6, Würzburg 2004, S.288 – 295

Hellmann, Marianne: Professionelle Heilpädagogik im Alltag, in: Hellmann, Marianne; Rohrmann, Eckhard (Hrsg.): Alltägliche Heilpädagogik und ästhetische Praxis, Heidelberg, 1986)

Heyer, Peter: Grundschule - Schule für alle Kinder, in: Eberwein, Hans; Knauer, Sabine (Hrsg.): Integrationspädagogik. Kinder mit und ohne Beeinträchtigung lernen zusammen, Weinheim/Basel 2002

Heyer, Peter; Meier Richard: Zur Lehrerbildung für eine integrationspädagogische Arbeit an Schulen in: Eberwein, Hans; Knauer, Sabine (Hrsg.): Inte-grationspädagogik. Kinder mit und ohne Beeinträchtigung lernen zusammen, Weinheim/Basel 2002

Hinz, Alexander: Entwicklungswege zu einer Schule für alle mit Hilfe des „Index für Inklusion" in: Zeitschrift für Heilpädagogik 5, Würzburg 2004, S. 245 – 250

Kant, Immanuel: Der Streit der Fakultäten, in: Weitschel, Wilhelm (Hrsg.) Werke in 10 Bänden, Darmstadt 1983 (Band 9) S. 59

Moser, Vera: Kompetent oder gebildet? Fragen an die aktuelle bildungspolitische Debatte, in: Albrecht, Friedrich; Jödecke, Manfred; Störmer, Norbert: Bildung, Lernen und Entwicklung, Bad Heilbrunn, 2006, S. 16

Ministerium für Schule und Weiterbildung, NRW (Hrsg.): Kompetenzorientierung – Eine veränderte Sichtweise auf Lehren und Lernen in der Grundschule. Eine Handreichung, Düsseldorf 2008

Mollenhauer, Klaus: Grundfragen ästhetischer Bildung. Theoretische und empirische Befunde zur ästhetischen Erfahrung von Kindern, Weinheim/München 1996

Mutzeck, Wolfgang (Hrsg): Förderdiagnostik. Konzepte und Methoden, Weinheim & Basel 2002

Oberhuemer, Pamela: Bildungskonzepte für die frühen Jahre in internationaler Perspektive, in Fthenakis, Wassilios E.; Oberhuemer, Pamela (Hrsg.): Frühpädagogik international. Bildungsqualität im Blickpunkt, Wiesbaden 2004, S. 359-383

Otto, Gunter: Lernen und Lehren zwischen Didaktik und Ästhetik. Leipzig 1998 (Ästhetische Erfahrung und Lernen, Band1)

Reich, Kersten; Neubert, Stefan; Voß, Reinhard: Lernen als konstruktiver

Prozess, in: Hug, Theo (Hg.): Die Wissenschaft und ihr Wissen, Baltmannsweiler 2001 (Band 1)

Rychen, Dominique Simone: Definition und Auswahl von Schlüsselkompetenzen – eine interdisziplinäre Respektive, in: Der Kompetenznachweis Kultur. Ein Nachweis von Schlüsselkompetenzen durch kulturelle Bildung. Remscheid 2004 (Schriftenreihe der Bundesvereinigung Kulturelle Jugendbildung e.V., Band 63) S. 17 – 21

Sander, Alfred: Kind-Umfeld-Analyse: Diagnostik bei Schülern und Schülerinnen mit besonderem Förderbedarf, in: Mutzeck, Wolfgang (Hrsg): Förderdiagnostik. Konzepte und Methoden, Weinheim & Basel 2002, S. 12-21

Sander, Alfred: Konzepte einer inklusiven Pädagogik in: Zeitschrift für Heilpädagogik 5, Würzburg 2004, S.240 – 244

Schäfer, E. Gerd: Kinder sind von Anfang an notwendig kreativ, in: BKJ (Hrsg.): Kinder brauchen Spiel und Kunst, Remscheid 2003

Schäfer, E. Gerd: Wahrnehmen, Gestalten, Denken – Aistetische Erfahrung als Grundlage frühkindlicher Bildung, in Ebert, Sigrid (Hrsg.): Die Bildungsbereiche im Kindergarten. Orientierungswissen für Erzieherinnen, Freiburg 2008b

Theunissen, Georg: Aus der Geschichte lernen, in: Hellmann, Marianne; Rohrmann, Eckhard (Hrsg.): Alltägliche Heilpädagogik und ästhetische Praxis, Heidelberg, 1986)

Velthaus, Gerhard: Bildung als ästhetische Erziehung, Bad Heilbrunn 2002

Weinert, F. E.: Vergleichende Leistungsmessung in Schulen – eine umstrittene Selbstverständlichkeit. In: Weinert F.E. (Hrg.): Leistungsmessungen in Schulen, Weinheim und Basel 2001

Internetquellen

Boban, Ines; Hinz Andreas: Qualität des gemeinsamen Unterrichts (weiter-) entwickeln - Inklusion in: Leben mit Down Syndrom Nr. 45, Pegnitz 2004; S.10 - 14

http://www.ds-infocenter.de/downloads/lmds_45_jan2004.pdf
(Zugriff 30.03.2010)

Boban, Ines; Hinz, Andreas: *Index* für Inklusion. Entwickelt von Tony Booth und Mel Ainscow zu „Lernen und Teilhabe in der Schule der Vielfalt entwickeln". Halle, Martin-Luther-Universität 2003

http://www.eenet.org.uk/resources/docs/Index%20German.pdf
(Zugriff 30.03.2010)

Brenne, Andreas: „Ästhetische Bildung im GanzTag", Expertise für das BLK-

Verbundprojekt „Lernen für den GanzTag" – Entwicklung von Qualifikationsprofilen und Fortbildungsbausteinen für pädagogisches Personal an Ganztagsschulen, Soest 2005

http://www.ganztag-blk.de/cms/upload/pdf/nrw/Brenne_Aestethische_Bildung.pdf

(Zugriff 18.05.2010)

Bundesgesetzblatt Jahrgang 2008 Teil II Nr. 35, ausgegeben zu Bonn am 31. Dezember 2008

http://files.institut-fuer-menschenrechte.de/437/Behindertenrechtskonvention.pdf

(Zugriff 1.06.2010)

Duderstatt, Matthias: Ästhetik und Wahrnehmung

http://www.aesthetische-bildung.uni-bremen.de/Dateien/Aesthetik%20und%20Wahrnehmung%20.pdf
(Zugriff 15.05.2010)

Kochanek, Bernd; Hüppe, Ulrike; von Schönfeld, Ursula: Stellungnahme

des Elternverbandes „Gemeinsam Leben, Gemeinsam Lernen" Landesarbeitsgemeinschaft NRW e.V. (kurz: LAG GL NRW) zu „Eckpunkte für den Ausbau von Förderschulen zu Kompetenzzentren für sonderpädagogische Förderung gem. § 20 Abs. 5 Schulgesetz NRW", Dortmund, 12.2007

http://www.aba-fachverband.org/fileadmin/user_upload/user_upload_2007/schule/LAG127V-SKZ-Stellungnahme-Endfass-1.pdf
(Zugriff 31.05.2010)

Kochaneck Bernd: Informationen der LAG GL NRW zur Landespressekonferenz zum Thema Kompetenzzentren 12.11.2007

http://www.regenbogen-ev-duelmen.de/LAG-zu-Kompetenzzentren.rtf.
(Zugriff 31.05.2010)

Kultusministerkonferenz: Empfehlungen sonderpädagogischer Förderungen, 1994

http://www.kmk.org/fileadmin/veroeffentlichungen_beschluesse/1994/1994_05_06-Empfehl-Sonderpaedagogische-Foerderung.pdf
(Zugriff 29.03. 2010)

Kultusministerkonferenz: Schwerpunkte und Zielsetzung sonderpädagogischer Förderung

http://www.kmk.org/bildung-schule/allgemeine-bildung/sonderpaedagogische-foerderung.html
(Zugriff 29.03.2010)

KMK: Empfehlungen der Kultusministerkonferenz zur Sonderpädagogischen Förde-rung in den Schulen in der Bundesrepublik Deutschland 1994

http://www.nibis.de/~infosos/kmk-1994.htm
(Zugriff 31.5.2010)

OECD: Definition und Auswahl von Schlüsselkompetenzen, Deutschland 2005

http://www.oecd.org/dataoecd/36/56/35693281.pdf
(Zugriff 18.04.2010)

Oelkers, Jürgen: „I wanted to be a good teacher...". Zur Ausbildung von Lehrkräften in Deutschland - Studie, Berlin, 2009

http://www.schulministerium.nrw.de/ZBL/Wege/Oelkers/Studie_Juergen_Oelkers.pdf

(Zugriff 23.03.2010)

Pohl, Ursula: Ökosystemische Integrationspädagogik in schulischen Kontexten. Ressourcen und Perspektiven in Deutschland und Spanien, Frankfurt am Main, 2005)

http://deposit.d-nb.de/cgi-bin/dokserv?idn=980127793&dok_var=d1&dok_ext=pdf&filename=980127793.pdf

(Zugriff 13.05.2010)

Projekt InKö – Integration / Inklusion: Humanwissenschaftliche Fakultät Department Heilpädagogik und Rehabilitation Köln: Kompetenzzentren in Köln

http://www.inkoe.de/information/information_detail.php?thema_id=14&eintrag_id=175#information_inhalt
(Zugriff 04.04.2010)

Neubert, Stefan; Reich, Kersten; Voß, Reinhard : Lernen als konstruktiver Prozess

http://www.uni-koeln.de/hf/konstrukt/reich_works/aufsatze/reich_35.pdf
(Zugriff 01.06.2010)

Schäfer, E. Gerd: Lernen im Lebenslauf Formale, non-formale und informelle

Bildung in früher und mittlerer Kindheit, Köln 2008a
http://www.landtag.nrw.de/portal/WWW/GB_I/I.1/EK/14_EK2/Gutachten/StudieSchaefer2008.pdf
(Zugriff 15.05.2010)

Schulministerium NRW: Reform der Lehrerausbildung

http://www.schulministerium.nrw.de/ZBL/Wege/Lehramtsstudium/index.html
(Zugriff 23.03.2010)

Schulministerium NRW: Eckpunkte für den Ausbau von Förderschulen zu Kompetenzzentren für sonderpädagogische Förderung gem. § 20 Abs. 5 Schulgesetz NRW 2007

http://www.schulministerium.nrw.de/BP/Schulsystem/Schulformen/Foerderschulen/Kompetenzzentren/Eckpunkte.pdf
(Zugriff 31.03.2010)

Schulministerium NRW, MGFFI NRW: Mehr Chancen von Anfang an – Entwurf - Grundsätze zur Bildungsförderung für Kinder von 0 bis 10 Jahren in Kindertageseinrichtungen und Schulen im Primarbereich in Nordrhein-

Westfalen, Düsseldorf 2010

http://www.schulministerium.nrw.de/BP/Schulsystem/Bildungsgrundsaetze_fuer_den_Elementar-_und_Primarbereich
(Zugriff 31.05.2010)

Sekretariat der Ständigen Konferenz der Kultusminister der Länder in der Bundesrepublik Deutschland (Hrsg.): Dokumentation Nr. 185: Sonderpädagogische Förderung in Schulen 1997 bis 2006 – April 2008

http://www.kmk.org/fileadmin/pdf/PresseUndAktuelles/Dok185.pdf
(Zugriff: 05.03.2010)

Sekretariat der Ständigen Konferenz der Kultusminister der Länder in der Bundesrepublik Deutschland (Hrsg.): Datensammlung für Sonderpädagogische Förderung in allgemeinen Schulen (ohne Förderschulen) 2007/2008, Bonn 2009

http://www.kmk.org/statistik/schule/statistiken/sonderpaedagogische-foerderung-in-schulen.html
(Zugriff: 20.03.2010)

Staatskanzlei des Landes Nordrhein-Westfalen: 20 neue Kompetenzzentren für sonderpädagogische Förderung ausgewählt, Pressemitteilung 15.12.2009

http://www.nrw.de/presse/neue-kompetenzzentren-fuer-sonderpaedagogische-foerderung-ausgewaehlt-8316/
(Zugriff 31.10.2010)

UNESCO: Die Salamanca Erklärung und der Aktionsrahmen zur Pädagogik für besondere Bedürfnisse

http://bidok.uibk.ac.at/library/unesco-salamanca.html
(Zugriff 21.03.2010)

Vereinigung der Bayerischen Wirtschaft (Hrsg.): vbw: Bildung neu denken! Das Zukunftsprojekt – Ausgabe 10. Opladen 2003 http://www.aktionsratbildung.de/uploads/media/Bildung_neu_denken_Band_I_Zusammenfassung_neu_01.pdf

(Zugriff 11.04.2010)

Anhang

Die Salamanca Erklärung über Prinzipien, Politik und Praxis der Pädagogik für besondere Bedürfnisse

Mit der Bekräftigung des Rechts jedes Menschen auf Bildung, wie es in der Allgemeinen Erklärung der Menschenrechte von 1948 verankert ist, und mit der Erneuerung des Versprechens der Weltgemeinschaft auf der Weltkonferenz 1990 "Bildung für Alle", daß dieses Recht unabhängig von individuellen Unterschieden zu sichern ist,

Mit dem Hinweis auf mehrere Deklarationen der Vereinten Nationen, die in den Standardregeln der Vereinten Nationen von 1993 zur Gleichstellung von Menschen mit Behinderung gipfeln, durch die Staaten dazu aufgefordert werden, sicherzustellen, daß die Erziehung von Personen mit Behinderung ein unerläßlicher Bestandteil des Schulsystems sein soll,

Mit der wohlwollenden Erkenntnis, daß sich Regierungen, Interessenvertreter, Gemeinden und Elterngruppen sowie im besonderen Organisationen von Menschen mit Behinderung dafür einsetzen, daß der Zugang zu Bildung für jene mit besonderen Bedürfnissen erleichtert wird, die immer noch nicht erfaßt sind; *in Anerkennung* der aktiven Teilnahme hochrangiger Repräsentanten vieler Regierungen, spezialisierter Ämter und zwischenstaatlicher Organisationen an dieser Weltkonferenz als Beleg für dieses Engagement,

1. Bekräftigen wir, die Delegierten zur Weltkonferenz über die Pädagogik für besondere Bedürfnisse, die 92 Regierungen und 25 internationale Organisationen vertreten und hier in Salamanca, Spanien, von 7.-10. Juni 1994 versammelt sind, hiermit unsere Verpflichtung zur Bildung für Alle. Wir anerkennen die Notwendigkeit und Dringlichkeit, Kinder, Jugendliche und Erwachsene mit besonderen Förderbedürfnissen innerhalb des Regelschulwesens zu unterrichten. Außerdem befürworten wir hiermit

den Aktionsrahmen zur Pädagogik für besondere Bedürfnisse. Mögen Regierungen und Organisationen von der Gesinnung seiner Bestimmungen und Empfehlungen geleitet sein.

2. Wir glauben und erklären,

- daß jedes Kind ein grundsätzliches Recht auf Bildung hat und daß ihm die Möglichkeit gegeben werden muß, ein akzeptables Lernniveau zu erreichen und zu erhalten,

- daß jedes Kind einmalige Eigenschaften, Interessen, Fähigkeiten und Lernbedürfnisse hat,

- daß Schulsysteme entworfen und Lernprogramme eingerichtet werden sollten, die dieser Vielfalt an Eigenschaften und Bedürfnissen Rechnung tragen,

- daß jene mit besonderen Bedürfnissen Zugang zu regulären Schulen haben müssen, die sie mit einer kindzentrierten Pädagogik, die ihren Bedürfnissen gerecht werden kann, aufnehmen sollten,

daß Regelschulen mit dieser integrativen Orientierung das beste Mittel sind, um diskriminierende Haltungen zu bekämpfen, um Gemeinschaften zu schaffen, die alle willkommen heißen, um eine integrierende Gesellschaft aufzubauen und um Bildung für Alle zu erreichen; darüber hinaus gewährleisten integrative Schulen eine effektive Bildung für den Großteil aller Kinder und erhöhen die Effizienz sowie schließlich das Kosten-Nutzen-Verhältnis des gesamten Schulsystems.

3. Wir fordern alle Regierungen auf und legen ihnen nahe:

- höchstes Augenmerk und Priorität auf die Verbesserung ihrer Schulsysteme dahingehend zu richten, daß diese alle Kinder unabhängig von ihren individuellen Schwierigkeiten einbeziehen können,

- auf Gesetzes- bzw. politischer Ebene das Prinzip integrativer Pädagogik anzuerkennen und alle Kinder in Regelschulen aufzunehmen, außer es gibt zwingende Gründe, dies nicht zu tun,

- Pilotprojekte zu entwickeln und den Austausch mit anderen Ländern, die Erfahrung mit integrativen Schulen haben, zu ermutigen,

- dezentrale Strukturen zu entwickeln, die Mitwirkung ermöglichen und mit denen die pädagogische Betreuung von Kindern mit besonderen Bedürfnissen geplant, beobachtet und beurteilt werden kann,

- die Beteiligung von Eltern, Gemeinschaften und Organisationen von Menschen mit Behinderung an Planungs- und Entscheidungsprozessen in bezug auf Maßnahmen für besondere Bedürfnisse zu ermutigen und zu ermöglichen,

- größere Anstrengungen für Früherkennung und -förderung sowie für berufliche Aspekte integrativer Bildung zu unternehmen,

im Zusammenhang mit systemischen Veränderungen sicherzustellen, daß in der LehrerInnenbildung, sowohl der Aus- als auch der Fortbildung, Inhalte einer Pädagogik für besondere Bedürfnisse in integrativen Schulen angesprochen werden.

4. Wir fordern die internationale Gemeinschaft auf; im besonderen appellieren wir an:

- Regierungen mit Programmen zur internationalen Zusammenarbeit und internationalen Finanzierungsstellen, im besonderen die Sponsoren der Weltkonferenz für "Bildung für Alle", die Organisation der Vereinten Nationen für Erziehung, Wissenschaft und Kultur (UNESCO), den Kinderfonds der Vereinten Nationen (UNICEF), das Entwicklungsprogramm der Vereinten Nationen (UNDP) sowie die Weltbank:

- den Ansatz integrativer Schulen zu befürworten und die Entwicklung einer Pädagogik für besondere Bedürfnisse als einen unerläßlichen Bestandteil aller Bildungsprogramme zu unterstützen;

- die Vereinten Nationen und ihre speziellen Vertretungen, im besonderen die Internationale Arbeitsorganisation (ILO), die Weltgesundheitsorganisation (WHO), die UNESCO und die UNICEF:

- ihre Beiträge zur technischen Zusammenarbeit zu verstärken; ebenso ihre Zusammenarbeit und netzwerkorientierte Arbeit zu bekräftigen, um eine effektivere Unterstützung bei der erweiterten und integrierten Bereitstellung besonderer Fördermaßnahmen zu erreichen;

- nichtstaatliche Organisationen, die mit Programmen und Dienstleistungen auf Länderebene befaßt sind:

- ihre Zusammenarbeit mit den offiziellen staatlichen Stellen zu verstärken und ihre wachsende Beteiligung an Planung, Einführung und Beurteilung integrativer Maßnahmen für besondere pädagogische Bedürfnisse zu intensivieren;

- die UNESCO, als Vertretung der Vereinten Nationen für Pädagogik:

- sicher zu stellen, daß die Pädagogik für besondere Bedürfnisse einen Teil jeder Diskussion darstellt, die in verschiedenen Gremien Bildung für alle behandelt,

- die Unterstützung durch Lehrer- und Lehrerinnenorganisationen insofern zu mobilisieren, als LehrerInnenbildung in bezug auf die Förderung besonderer Bedürfnisse erweitert werden soll,

- die akademische Gemeinschaft zur Forschung und zur netzwerkorientierten Arbeit anzuregen sowie regionale Zentren für Information und Dokumentation einzurichten; außerdem als Koordinationsstelle für solche Aktivitäten zu dienen und für die Verbreitung spezieller Ergebnisse und Fortschritte, die auf Länderebene als Folge dieser Erklärung erreicht wurden, zu sorgen;

bei der Gestaltung des nächsten mittelfristigen Plans (1996-2002) im Rahmen eines erweitertes Programms für integrative Schulen und für Programme, die

Gemeindeunterstützung zum Inhalt haben, finanzielle Mittel zu schaffen. Dies würde die Durchführung von Pilotprojekten ermöglichen, die neue Ansätze zur Verbreitung vorzeigen; Kriterien zu entwickeln in bezug auf das Bedürfnis nach und die Bereitstellung von besonderen Fördermaßnahmen.

5. Schließlich sprechen wir der spanischen Regierung und der UNESCO unsere Wertschätzung für die Organisation der Konferenz aus, und wir bitten sie dringend, keinen Aufwand zu scheuen, diese Erklärung und den begleitenden Aktionsrahmen der Aufmerksamkeit der Weltgemeinschaft nahezubringen, besonders bei so wichtigen Versammlungen wie dem Weltgipfel für Soziale Entwicklung (Kopenhagen, 1995) und der Weltfrauenkonferenz (Beijing, 1995).

Durch Abstimmung angenommen in Salamanca, Spanien, am 10. Juni 1994

Quelle: http://www.unesco.at/bildung/basisdokumente/salamanca_erklaerung.pdf

(Zugriff 14.06.2010

Einzelpublikationen

Kristin Kunert (2009):Unterschiede der Ziele und Forderungen von Integration und Inklusion

ISBN: 978-3-656-04175-7

Eva Herrmann (2012):Das inklusive Konzept der Montessori-Pädagogik und das Menschenrecht auf Bildung für Behinderte. Ein mögliches Vorbild für ein deutsches inklusives Bildungssystem

ISBN: 978-3-656-39532-4

Sylvia Wilbrink (2010): Ästhetische Erfahrungsbildung als Chance im Inklusionsprozess an Grundschulen

ISBN: 978-3-640-70626-6